中国名村志文化工程
Culture Project of Local Records of China's Famous Villages

新城村志

LOCAL RECORDS OF XINCHENG

重庆市石柱土家族自治县悦崃镇新城村志编纂委员会　编

方志出版社
Publishing House of Local Records

图书在版编目（CIP）数据

新城村志 / 重庆市石柱土家族自治县悦崃镇新城村志编纂委员会编 . -- 北京：方志出版社，2019.12

（中国名村志丛书）

ISBN 978-7-5144-4036-2

Ⅰ . ①新… Ⅱ . ①重… Ⅲ . ①村史—石柱土家族自治县 Ⅳ . ① K297.194

中国版本图书馆 CIP 数据核字（2019）第 273890 号

· 中国名村志丛书 ·

新城村志

编　　者：	重庆市石柱土家族自治县悦崃镇新城村志编纂委员会
责任编辑：	梅中英
出 版 者：	方志出版社
	地址　北京市朝阳区潘家园东里 9 号（国家方志馆 4 层）
	邮编　100021
	网址　http：//www.fzph.org
发　　行：	方志出版社图书经销中心
	电话　（010）67110500
经　　销：	各地新华书店
排　　版：	北京纺印图文设计制作有限公司
印　　刷：	北京中科印刷有限公司
开　　本：	787 × 1092　　1/16
印　　张：	12.25
字　　数：	230 千字
版　　次：	2019 年 12 月第 1 版　　2019 年 12 月第 1 次印刷

ISBN 978-7-5144-4036-2　　　**定价：**108.00 元

◉ 序一

中共十九大报告明确提出："坚定文化自信，推动社会主义文化繁荣兴盛。""没有高度的文化自信，没有文化的繁荣兴盛，就没有中华民族伟大复兴。要坚持中国特色社会主义文化发展道路，激发全民族文化创新创造活力，建设社会主义文化强国。"编修地方志是中华民族千百年来的固有传统，留下了浩如烟海的历史文献，承担着传承中华文明、发掘历史智慧的重任，发挥着存史、育人、资政的作用。

在习近平新时代中国特色社会主义思想指引下，在增强文化自信、推动传统文化创造性转化、创新性发展背景下，全国地方志事业迎来了开拓创新与转型升级的重要机遇期。中国地方志指导小组及其办公室组织实施的中国名村志文化工程，用中国独有的文化载体——地方志，来记录乡村的"名"和"特"，记录乡村全面建成小康社会的进程和取得的成就，是地方志围绕以人民为中心开拓创新的具体举措，是传承乡土文化、坚定文化自信、加快建设社会主义文化强国的内在要求，是服务乡村振兴战略、加快全面建成小康社会、推进社会主义现代化建设、实现中华民族伟大复兴中国梦的应有之义。

实施中国名村志文化工程，是方志人贯彻落实习近平总书记"农村要留得住绿水青山，系得住乡愁"重要讲话精神的重要举措。"望得见山、看得见水、记得住乡愁……"习近平总书记用诗意的语言为中国的新农村建设指明了方向。开展新农村建设、美丽乡村建设，一定要把绿水青山保留下来，尽可能在原有村庄形态上改善农民生活条件，不盲目拆旧，也不盲目造新，让家乡的每一条河、每一棵树、每一口井，都能永远成为我们的乡愁。这是我们弘扬传统、面向未来的底气所在。那么，如何留住乡音、乡风、乡思，继承传统文化菁华，挖掘历史智慧，成为极其重要的工作。实施中国名村志文化工程，保护抢救、传承保存、开发利用宝贵的村落文化，重新唤起人们记忆中古老村落的青山绿水、小河大树、轶事掌故，打造完整记录乡村发展嬗变和现代化农村经济社会运行模式的系列中国名村志丛书，让乡土文化回归并为困惑的当代人提供精神家园，让农耕文化的优秀菁华成为建构农村文明的底色，无疑具有重要的现实意义和深远的历史意义。

实施中国名村志文化工程，是方志人贯彻落实党中央乡村振兴战略的鲜活实践。中共十八大以来，以习近平同志为核心的党中央高度重视农业、农村、农民工作，提出了许多新理念、新思想、新战略，特别是中共十九大报告作出实施乡村振兴战略的重大部署。2018 年 9 月 26 日，中共中央、国务院印发《乡村振兴战略规划（2018—2022 年）》，明确提出“鼓励乡村史志修编”。深入推进中国名村志文化工程，有利于全面翔实记录乡村振兴进程，客观记载地理环境、历史沿革、姓氏源流、人口、民族、方言、民居、宗祠、风俗习惯、家谱族谱、家规族规、宗教信仰、文物遗址、掌故传说、历史事件、人物等，完整保留乡土文化的原貌。所有这些工作，可以为延伸地方志工作触角，充分发挥志书存史、育人、资政功能提供借鉴；可以为社会各界和华人华侨、港澳台同胞寻根问祖、反哺桑梓、泽被乡里提供帮助。依托中国名村志文化工程的重要平台与载体，乡村振兴战略下的现代乡村将进一步挖掘自身独特内涵，彰显其新时代的作用及意义。

中国名村志文化工程从新时代中国特色社会主义的新需求出发，创新体例，立足实际，内容既严谨又通俗，展示了不同地区自然和社会风貌，在坚持志体基础上运用专题报告、回忆录、人物访谈、新闻资料等多种手法，重点介绍农村地区在转型发展方面的探索、示范、引领意义，对于不断提高地方志事业围绕中心服务大局的能力，为乡村改革发展贡献历史智慧，讲好中国故事，彰显中国软实力，增强“四个自信”等方面具有积极意义。

两年来，在借鉴中国名镇志丛书及各地乡镇（村）志宝贵编纂经验的基础上，中国名村志丛书编修不断取得丰硕成果，产生了良好的社会效益，新一批中国名村志的申报数量、覆盖范围延续强劲增长态势，充分体现出强大的内生动力。下一步，要总结经验、把握规律，为服务国家城镇化建设和乡村振兴战略打造更多优秀文明成果，推动中华优秀传统文化创造性转化和创新性发展，从中提炼出适合新时代、新形势、新变化、新要求的文化精髓，展现中国方志的当代价值和世界意义。

是为序。

中国社会科学院院长
中国地方志指导小组组长　谢伏瞻

◉序二

连绵不断地编修地方志是中国独有的优秀文化传统，承担着赓续文明、传承文化的重任。保存至今的8000余种、10万余卷历代方志，蕴含着传统文化基因和海量文化信息，既是中华优秀传统文化的重要组成部分，又是传承、彰显中华优秀传统文化的重要载体。

在各种类型的地方志编纂中，村志编纂古已有之，但从未进入国家层面的地方志编纂序列。新中国成立以来，党中央、国务院高度重视包括村志编纂在内的地方志工作，出台了重要文件。中央领导发表了重要讲话、作出了重要批示。习近平总书记高度重视包括村志编纂在内的地方志工作。2004年10月，他在担任浙江省委书记时到江山市凤林镇白沙村考察，看到村民编纂的《白沙村志》，鼓励村民把村志继续编纂下去。2014年4月，副总理刘延东在与第五次全国地方志工作会议部分会议代表座谈时指出："要结合发展的新形势，加强对地方志包括部门志、行业志、专题志、乡镇村志编纂的业务指导和服务。"2015年8月，国务院办公厅印发的《全国地方志事业发展规划纲要（2015—2020年）》，正式将中国名村志文化工程列为主要任务之一。2017年5月，中共中央办公厅、国务院办公厅印发的《国家"十三五"时期文化发展改革规划纲要》指出："完成省、市、县三级地方志书出版工作。开展旧志整理和部分有条件的镇志、村志编纂。"可以说，村志编纂迎来了历史上的最好时期。

农业、农村、农民"三农"问题，是数千年来影响中国社会发展最核心的问题。中共中央高度重视"三农"工作，从2004年起，连续13年，每年的中央1号文件都聚焦"三农"。中共十九大报告更是提出"农业农村农民问题是关系国计民生的根本性问题，必须始终把解决好'三农'问题作为全党工作重中之重"，特别是提出了"乡村振兴战略"，这是中国共产党在中国特色社会主义进入新时代后，对农村发展问题所做出的准确把握和与时俱进的战略应对，是建设中国特色社会主义强国战略的重要组成部分。改革开放近40年来，在党中央、国务院高度重视社会主义新农村建设的新形势下，各地涌现出一大批历史文化名村、经济强村、新农村建设示范（试点）村、美丽乡村和特色村，成为先进生产力和先进文化的代表。客观记录中国农村全面建成小康社会的进程，向后人展示在中国共产党领导下农村千年未有的巨变，是地方志工作者肩负的光荣而重大的历史使命。编纂中国名村志丛书，是记载当代中国农村发展变革的重要途径。

文化寻根，寻的是其发展的源头和根基。村落是中国传统文化的根基所在。农村的生产生活方式、社会规范、宗族文化、宗教文化、民风习俗、传统节日、民间艺术等，无不镌刻着中国人独特的民族性格，这就是家国情怀、文脉绵延、精神归属。在快速城镇化进程的冲击和开发性破坏下，大量传统村落面临消亡的危机，村落蕴含的历史文化信息也流失殆尽，抢救性保护刻不容缓。编纂中国名村志丛书，是保存村落历史文化信息，抢救、保护村落文化最好的方式。

一方水土养一方人。家乡的山水草木、村间小巷、乡俗民情会在每个人心头留下深刻的烙印，这就是故土情结。而村落的形成与发展离不开人的活动。编纂中国名村志丛书，通过记述村落建筑、名门望族来追溯村落的历史；通过记述村落规模、布局、人口、物产等反映人口来源、宗族兴衰、生活习惯、文化背景、宗教信仰、经济发展等，体现环境与人相互影响、相互作用、相互发展的既矛盾又统一的关系；通过记述戏剧、音乐、舞蹈、美术、文学、手工技艺等文化形式，展示百姓在长期的生产生活实践中摸索和总结出的智慧结晶，强化人们沟通感情的纽带。编纂中国名村志丛书，是传承乡俗、诉说乡音、记住乡愁、纾解乡思，激活历史传统、唤起共同文化记忆、塑造共同心灵认同的重要文化工程。

中国名村志文化工程以践行文化自信、传承中华文脉、彰显时代发展为己任，以打造全国地方志系统的重要品牌为目标，在体裁运用、篇目设置、资料选择等方面进行大量的创新，突出“名”和“特”，拣选各个名村中最值得记述、最具有代表性的人、事、物，予以浓墨重彩的描画，从而形成系列的、高质量的、可读性强、雅俗共赏的地方志读本，让地方志紧接地气、贴近百姓，让地方志成果进入寻常百姓家，让人民群众共享地方志成果，让越来越多的人从地方志中感知传统、历史和记忆，成为传统村落和传统文化的守护者，成为中华优秀文化的传承者。

是为序。

中国社会科学院原院长
中国地方志指导小组原组长　王伟光

◉序三

习近平总书记指出："让居民望得见山，看得见水，记得住乡愁。"这句富有诗意的重要论述不仅唤醒了中国人城镇化建设过程中对于人和自然关系、人和历史关系的思考，同时也引发了学界对"乡愁"进一步进行文化意义解读的兴趣。从本质上看，乡愁是一种源自主体体验的情感，隐含了一种人们带着乡愁追寻自我生存与生命意义、追寻诗意栖居的精神家园的美学思辨。同时，这种追寻自我生存的主体逐渐转向大众群体，乡愁也由传统单一的"文化乡愁""爱国情怀"演变为对于"理想家园"的精神追求。

中国有近 60 万个村庄，约有 5000 个古村落，被住房城乡建设部和国家文物局界定的传统村落就有 1561 个。随着中国城镇化步伐的加快，乡村的版图日渐凋敝，大批农村青壮年劳动力走进城镇，融入了新的生活。然而，每逢传统佳节，那种挥之不去的离愁别绪挟裹着亿万农民工，又融入了返乡的滚滚洪流。这是乡愁的情愫牵动着他们，是故乡的山、故乡的水、故乡的老屋、故乡的小吃在牵动着他们，是故乡家家户户的楹联和口口相传的故事，以及只有在隆重的传统佳节才有的古老的民风习俗在牵动着他们。

文化可以体现一个民族、一个国家、一个社会的重量与体温，这是文化的力量之所在，而村落是传统中国的根脉所系，乡土社会是最能够体现中国传统文化特征的地方。梁漱溟曾指出："中国文化是以乡村为本，以乡村为重，所以中国文化的根就是乡村。"我曾在《建设社会主义新农村的理论与实践》一书中指出，在新农村建设的过程中，必须"保护和发展有地方和民族特色的优秀传统文化，创新农村文化生活的载体和手段，满足农民群众多层次、多方面的精神文化需求"，而编纂村志尤其是实施中国名村志文化工程就是一个重要举措。实施中国名村志文化工程，编纂中国名村志丛书，以最基层的村落为研究对象，寻根传统村落的历史，梳理村落的发展脉络，以唤起人们的归属感和认同感，探索新型城镇化和社会主义新农村建设过程中，如何留住乡音、乡风、乡思，继承传统文化精华，挖掘丰富历史智慧，是贯彻落实中央城镇化工作会议精神和中共十九大提出的“乡村振兴战略”的重要举措，是当前和今后一个时期全国地方志工作者的重要工作。

虽然村落文化正在日益远离当下生活，但我们可以抓住诸如基本村情、文物胜迹、古村保护、特色文化、旅游名胜、村域经济、风土民情、村民生活、新农村建设、艺文杂记、名人与名村等关键内容，通过志书的手法来诠释乡村文化的精华。我们如实记录着村落里的人和事，以及青山绿水、小河大树、袅袅炊烟，力争以最完整、最原真的方式呈现村落的前世今生。我们要为“迷失”的人留住乡村文化的根脉，让人们难以割舍的乡愁得以慰藉和释放。

中国名村志文化工程将触角伸向那些极具代表性的村落，它们有的历史悠久、名人辈出，有的经济腾飞、重获新生，有的风景秀丽、景观独特，有的地处边陲、神秘莫测……我们挖掘中国不同类型村落的发展之路，为探索新型城镇化和社会主义新农村建设的发展经验、发展模式、前进道路提供历史智慧和现实借鉴。因此，打造以重在表现乡村嬗变为主旨的中国名村志丛书十分必要和迫切，这是一项功在当代、利在千秋的文化工程。

近年来，随着中国经济社会的发展和国际地位的提高，越来越多的人想要认识中国、了解中国、研究中国。在这样的形势下，乡村是不可或缺的一环，我们要集中讲好发生在乡村的故事，向世界呈现一个多元的、立体的中国。乡村历经岁月变迁的风雨，见证着改革开放的步伐，寄托着数代中国人的情感。发生在乡村的故事无疑是血肉丰满的、震撼人心的、引起共鸣的。我们应该有这个自信能够讲好乡村故事，讲好中国故事，描绘出中国的底色，“让每一个中国人都能在地方志中找到自己的位置”。

可喜的是，越来越多的有识之士认识到了这一点，加入到保护、传承、发展村落文化的队伍中来。仅就编纂中国名村志丛书来看，第一批的申报范围就涵盖包括香港特别行政区在内的 32 个地区，申报数量高达 70 余部。“直笔著信史，彰善引风气，为当代提供资政辅治之参考，为后世留下堪存堪鉴之记述”，这是我们的初心和使命。希望中国名村志文化工程的实施，能够带动更多的人关注中国乡村文化，为社会主义文化强国建设作出更大的贡献。也希望越来越多的名村都来融入继承中华文化传统、颂扬中华传统文化的活动中，让正能量更多地润泽温暖人们的心灵，让更多的人“记得住乡愁”！

是为序。

中国社会科学院原副院长
中国地方志指导小组原常务副组长 李培林

◉ 重庆市石柱土家族自治县悦崃镇新城村志编纂委员会

主　任　吴　韦

副主任　蔡玉葵

委　员　向绪祥　王淑蓉　谭海波　周志华　周康淑

马泽红　张才文

◉ 重庆市石柱土家族自治县悦崃镇新城村志编纂人员

主　　编　蔡玉葵

副 主 编　向绪祥

执行副主编　蔡义平

编　　辑　谭先敏　向丽军

摄　　影　廖　禾　冉隆祥　李小丰　吴新民　陈鱼乐

孙义明　蔡义平　谭明祥　谭红建　刘建平

神龛

◉ 中国名村志丛书凡例

一、以马克思列宁主义、毛泽东思想、邓小平理论、“三个代表”重要思想、科学发展观、习近平新时代中国特色社会主义思想为指导，坚持辩证唯物主义和历史唯物主义的立场、观点和方法，存真求实，全面、客观、系统记述中国名村村落发展变化进程和改革开放成果，传承和抢救乡土历史文化，激发爱国爱乡情怀，留住乡愁，为探索中国特色新型城镇化建设、服务乡村振兴战略提供历史智慧和现实借鉴。

二、为全面反映入志事物发展脉络，各志上限尽量追溯至事物发端，下限一般断至各村志启动编修年份，个别重大事项可延至搁笔。详今明古，着重反映时代特色和地方特点，重点体现各村的“名”与“特”。

三、记述地域范围以下限年份的行政辖区为主。为体现名村在更大区域内的意义，可以从更开阔的区域视野记述与该村相关的内容。

四、统一采用纲目体，设类目、分目、条目三个层次。横排门类，纵述史实，述而不论。

五、综合运用述、记、志、传、图、表、录等各种体裁，以志体为主。体裁运用适当创新，篇目设置不求面面俱到，一般意义上的村级内容略去不载。

六、除引用文字和附录文献资料外，统一使用规范的现代语体文记述，行文力求朴实、严谨、简洁、流畅、优美，具有较强可读性。

七、人物部类遵循“生不立传”原则，人物传主按生年排序，只选录对本村发展有重大影响的人物，不面面俱到。

八、各项数据一般采用国家统计部门数据。数据缺乏的，采用主管部门或主办单位正式提供的数据。

九、数字用法、标点符号、计量单位分别执行国家标准《出版物上数字用法》

（GB/T 15835—2011）、《标点符号用法》（GB/T 15834—2011）、《国际单位制及其应用》（GB 3100—1993）和《有关量、单位、符号的一般原则》（GB 3101—1993）。历史上使用的计量单位，如斗、石、里、尺、磅、华氏度等，在引文时可照录。考虑到社会使用习惯，全书中亩不统一换算。

十、中华民国成立前的纪年，使用朝代年号纪年，括注公元年份；中华民国成立后的纪年，均使用公元纪年。志中所称“解放前（后）”，以该村解放日为界；“新中国成立前（后）”，以中华人民共和国成立日 1949 年 10 月 1 日为界；“改革开放前（后）”，以 1978 年 12 月中共十一届三中全会召开为界。本志“××年代”，凡未加世纪者，均指 20 世纪。

十一、为节省篇幅，避免重复，本志采用条目互见法。参见条目的表示形式为：参见本志“××类目·××分目·××条目”。

十二、对旧志、古籍中的繁体字、冷僻字一般用简化字或通用字替换，易引起误解的则保留。

十三、记述各个历史时期的党派、机构、职务、地名等，均以当时的名称为准。对频繁使用的名称，首次用全称并括注简称，其后用简称。

十四、各村志需要单独说明的事项，均在各自编纂始末中记述。

新城村在中国的位置

1：32 000 000

审图号：GS（2019）4178 号

新城村在重庆市的位置

审图号：GS（2019）4178 号

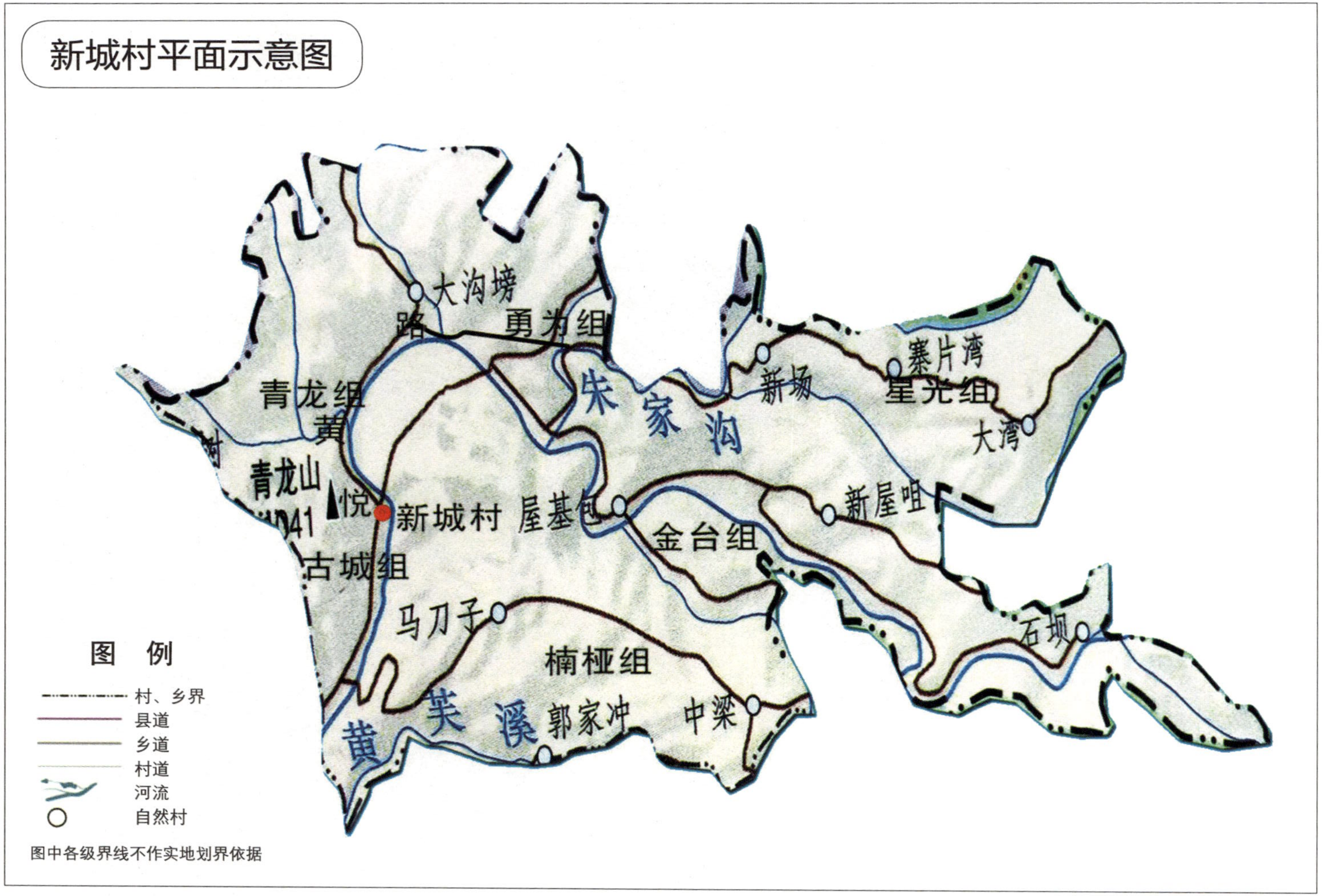
新城村平面示意图
大沟塝
路
勇为组
青龙组
黄
青龙山
悦
新城村
屋基包
古城组
朱家沟
新场
寨片湾
星光组
大湾
新屋咀
金台组
石坝
马刀子
楠桠组
黄芙溪
郭家冲
中梁
图 例
村、乡界
县道
乡道
村道
河流
自然村
图中各级界线不作实地划界依据

春意新城（2017 年）

夏意新城（2017 年）

秋意新城（2016 年）

冬意新城（2017 年）

目录

古韵新城

沿着时空隧道穿越，南宋马定虎奉旨安抚，设司署于新城境域，节制九溪十八峒，成为川鄂湘黔四省边界的军事基地。军民同耕，生机勃勃，保一方平安。

回归现实，走进新城村，勤劳勇敢的土家人世代春种夏锄，秋收冬藏，啰儿欢歌，摆手翩跹，唢呐激越，鼓锣喧天，吊脚楼里木叶歌，唱得幸福红满坡。

山间村落（2019 年）

当我们打开卷帙宏大的《二十四史》，唯一一个以功绩载于正史的女将军——巾帼英雄秦良玉引人注目。她不是文艺作品中杨家将里的穆桂英，不是戏曲中“替父从军”的花木兰，而是三次北上勤王、三次西南平叛的真实历史人物，也是中国西南土司历史上“十大土司”中唯一的女土司。

秦良玉之所以掌土司之印，且成为明朝将军，在明末屡立战功，皆缘于土司承袭制度及她个人的文韬武略。

石砫土司，是石砫安抚司的沿袭及发展，无数土司研究者在研究石砫土司时，必然先从石砫安抚司着手。而重庆市石柱土家族自治县悦崃镇新城村，就是石砫安抚司的驻地。

一

新城村有着悠久的历史底蕴，丰富的文化遗存，2012 年 12 月 20 日，新城村被列入第一批中国传统村落名录。

早在旧石器时代，新城村域的土地上便有巴人先民生息繁衍。商、周时期，新城村域属巴国领地。秦灭巴后，新城村域属秦国巴郡。后历经汉、三国、晋、南北朝、隋、唐、五代，一直有巴人遗裔在新城村域生息繁衍，继续传承巴文化，被称为“溪峒蛮”“五溪蛮”“土蛮”“苗蛮”等。因战争、瘟疫、自然灾害等，巴人遗裔人口锐减。南宋时，“溪峒蛮”“五溪蛮”“土蛮”被称为“土民”“土家人”，土家族的族称开始出现。为弥补战争、瘟疫、灾害造成的人口缺失，历史上先后在秦、西晋、北宋、元末明初、明末清初5次大移民，使大量汉人迁徙到新城村域生息繁衍，极大地促进了土家族与汉民族的融合。

东汉伏波将军马援曾奉诏平定武陵山区的五溪蛮叛乱，他提兵震慑，以德服人，轻杀戮而重教化，深得蛮人敬重，并立祠祭祀。南宋建炎三年（1129），马援第三十九代孙马定虎领兵平定溪峒苗乱，朝廷敕封马定虎为石砫安抚使（世代承袭），节制九溪十八峒。马定虎将石砫安抚司治所设在南宾县水车坝（今新城村古城坝），自此，水车坝成为镇守渝、鄂、湘、黔边境，节制九溪十八峒的军事重镇。

石砫安抚司历经宋、元两代，至明洪武八年（1375），升为石砫宣抚司，马定虎的第十五代孙马克用任石砫宣抚使。洪武十四年撤南宾县，部分县地并入丰都县，其余县地（含今新城村全域）划归石砫宣抚司辖，宣抚司军政合一，实施土司制度。马克用将宣抚司治所迁到原南宾县城狮子坝（今石柱县城），至清乾隆二十六年（1761）石砫改土归流，长达三百余年的石砫土司统治才结束。长期的土司制度，滋生出独特的土司文化，因此，新城村土家人的文化传承虽以巴文化为主，但兼容楚、汉、土司等多元文化，具有独特的土家族民风民俗。

欢乐土家雕刻

土家族男女（2015 年）

现在的新城村属重庆市石柱土家族自治县（以下简称石柱县）悦崃镇，村域面积 21 平方千米。新城村位于悦崃镇东北部，东北邻黄水镇金花村大风堡，西北接鱼池镇黄金村、山娇村，东南与本镇东木村相连，西南与本镇悦来村相连。距悦崃场 4 千米。全村有古城、青龙、勇为、南椏、金台、星光 6 个村民小组。2018 年，全村共 746 户 2776 人，其中，男性 1360 人、女性 1416 人，耕地 2688 亩。

二

新城村有特色建筑、特色文化、特色产业，又是土家族聚居村落，2017 年 6 月 9 日，新城村被列入重庆市首批少数民族特色村寨。

石砫宣抚司治所于明洪武十四年（1381）从水车坝搬迁至南宾狮子坝后，迄今已有六百多年。新城村域虽历经朝代更替，兴衰变化，但明初建的宣抚司案厅、清乾隆时期建成的马氏宗族祠堂、民国时期建成的新场街和石碉楼等，建筑风格独特，且主体保存较为完好。2013 年政府投入 70 万元进行修葺，对房屋采取木板上漆、屋顶坐脊等保护措施。对 84 户近年新建的房屋进行风貌改造，以体现民族文化元素。

新城村古时候有打花棍、打断头锣鼓、斗锣、玩龙、舞狮、喊彩、划彩船、跳端公、演傩戏和土戏等特色文化活动，有啰儿调、轿夫号子和背夫号子等民歌，更有独特的土家婚俗和丧葬习俗。其中，石柱土家啰儿调于 2006 年 5 月 20 日被列入国家级非物质文化遗产保护名录，新城村几乎人人会唱啰儿调；石柱斗锣曲牌多达 232 首，是市级非物质文化遗产保护项目，其传承人就是新城村的马世山，新城村的锣鼓班子在石柱县闻名遐迩。

新城村有黄连、魔芋、马铃薯、辣椒等特色产业，是辣椒种植基地、西南大学石柱县魔芋实验示范基地。2015 年，成功创建为马铃薯种植专业村。2018 年，全村种黄连 1500 亩、魔芋 330 亩、马铃薯 1100 亩、优质长石郎梨 600 亩、脆红李 300 亩、猕猴桃 350 亩。村域山林中，有香菌、千夫头、大脚菌、杠菌、鸡油菌、茶树菇、包谷菌、九月香、凤尾菌等野生菌，还有天麻、竹笋、蕨苔等山珍。

新城村主体民族为土家族，占全村总人口的 95%。传统特色居民 500 户，占全村总

马铃薯生产基地（2014 年）

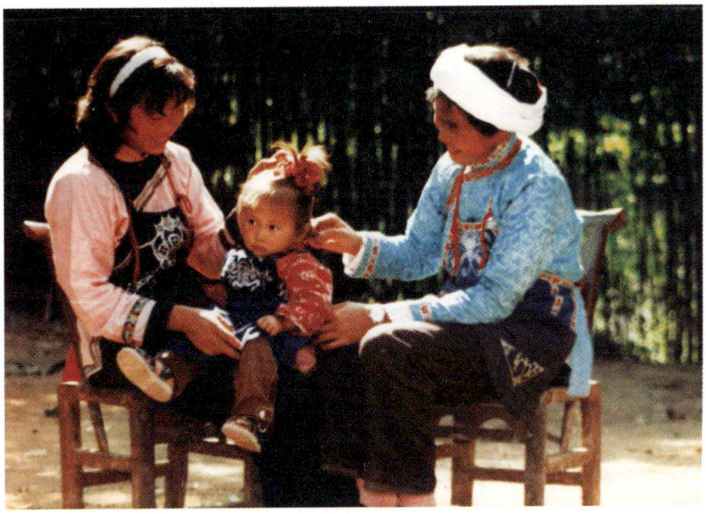

土家母女（2004 年）

户数的 67%。土家族人世代传承着独特的土家文化和民风民俗。

三

新城村具有观光价值的景点达 20 多处，主要为碉楼、老街、峒寨、古墓及其他自然景观。

民国初期，新城官绅相继在新场、作坊、潘家坝用条石建造碉楼，主要用作防贼御敌，保护境域内人们的生命和财产安全，风雨百年依然坚固，是独特的古建筑。碉楼矗

新场全貌（2010 年）

立在四围险峻的山包上，巍峨壮观，颇具游览价值。2019 年 2 月 27 日，重庆市人民政府公布石柱县悦崃镇“古城坝土司遗址和悦崃碉楼建筑群”为市级文物保护单位。

新场老街素有“小云梯街”之称，建筑风格独具特色，曾繁盛一时，今虽罢市，但仍具游览价值。

安抚司治所附近有大寨子、小寨子、大石寨等数个峒寨，多设在上平岩险的山包上，四周悬崖峭壁，用条石垒砌成寨墙、寨门，仅留一条小道供出入，有一夫当关万夫莫开之险要，至今遗迹尚存，寨墙、寨门虽有损毁，但依稀可见。

新城村中现存有多种样式的古墓（崖棺墓、深井墓、三滴水墓、圆拱墓）11 处，为县文物点。

新场附近溪流中，有天然巨石像蛇、龟、狮，岸边石岩上有石像猴、僧，组成“龟蛇锁街”“狮猴戏僧”的景观。

新城村山清水秀，鸟语花香，森林覆盖率达 61%，长岭大山上还有大片原始森林，与黄水国家森林公园接壤。春则万木复苏、百花齐放；夏则草木葱茏、峰峦叠翠；秋则红叶满坡、层林尽染；冬则霜雪压枝、银装素裹。是天然氧吧，夏季避暑、冬季赏雪之胜地。二级旅游路与大风堡、太阳湖、月亮湖、毕兹卡、千野草场等景区相连，距各景区都在 15 千米之内，悦崃镇政府正在着力将新城村打造成为旅游大村。

十二花园姊妹峰（2018 年）

基本村情

新城村取新场的“新”，古城的“城”得名。古属巴国，后属四川，1997 年属重庆直辖市。有公路通往石柱县城及周边乡镇，经高速铁路、高速公路通全国各地。在“两山夹一槽”地带，自然环境优良，生物资源丰富。人口逐年增多，穿戴越来越时兴，民居家电、用品用具、交通出行大为改观。人们收入增加，支出平衡，医疗、住房、教育均有保障。村内环境越来越好，土家族和汉族人民共同奔向小康。

新城村办公楼（2019 年）

建置沿革

村名由来 2002 年 12 月，悦崃镇古城、南椏及长岭（新场在内）3 个村合并，取新场的“新”、古城的“城”得名“新城”。

辖区变迁 新城境域在夏朝（约前 21—前 16 世纪）属梁州之域。商朝时（前 16—前 11 世纪）为“巴方”（方国）之地，周朝及春秋时期属巴国（诸侯国）之地。

战国时（前 316），秦国灭巴国，新城境域属秦国巴郡。东汉兴平元年（194）后，经三国、晋朝、南北朝，直至隋朝，新城地域为永宁郡临江县（今忠县）地，名水车坝。

唐武德二年（619），分武宁西界、临江之南地，取“南境宾服”之意，建南宾县，新城境域为南宾县溪源里所辖。

南宋建炎三年（1129），朝廷置石砫安抚司，封马定虎为石砫安抚使，子孙世袭其职。将南宾县东北部水车坝等地域从南宾县划出，加上施州卫大田所之辖地，作为石砫安抚司的食邑之地。新城地域属安抚司辖地，水车坝是安抚司治所。

明洪武八年（1375），朝廷撤石砫安抚司，改置石砫宣抚司，隶属重庆卫，封马定虎后裔马克用为石砫宣抚使，子孙世袭其职。后马克用奉调征讨九溪十八峒而离开县境，苗兵联结散毛峒，突袭南宾县城。马克用闻警回师，苗兵撤走。为守卫县城，马克用上奏朝廷，请将宣抚司治所从水车坝迁往南宾县城狮子坝。明洪武十四年（1381），朝廷撤销南宾县，将今龙沙、桥头、三益、中益、沙子等地并入丰都县，其余县地归石砫宣抚司管辖。石砫宣抚司始理民事，军政合一，实施土司制度，新城境域为石砫土司辖地。原安抚司、宣抚司治所水车坝始称旧城坝、古城坝。

明天启元年（1621），马克用后裔马祥麟（秦良玉之子）因功升石砫宣慰使，朝廷置石砫宣慰司。新城境域仍属土司辖地。

清乾隆二十六年（1761），石砫宣慰司改土归流，设石砫直隶厅，新城境域属石砫直隶厅辖地。

清光绪十三年（1887），新场建场开市，设永睦乡，新城境域属悦来乡、永睦乡。

1912 年 3 月，改石柱直隶厅为石砫厅知事公署，隶川东道。实行团甲制，石砫厅知事公署下设 10 个总团，悦来总团下设 5 个分团，新城境域属悦来分团、鱼池分团。

1913 年，石砫厅知事公署改为石砫县，下设区署和乡，新城境域属第三区署悦来乡、鱼池乡。

1949 年 11 月 19 日石砫县解放，24 日成立县临时人民政府。新城境域随属悦来乡、鱼池乡。

1953 年 2 月，悦来乡划出第 9 村、10 村，和鱼池乡划出的第 7 村、8 村，建立长岭乡人民政府，治所设在新场。新城境域属长岭乡，隶悦来区。

1958 年 8 月 15 日，撤销长岭乡、楠木乡，建立国营大风堡黄连农场，古城、洋合、黄金 3 个大队并入悦来人民公社，新城境域其他队并入国营大风堡黄连农场 8（新立）大队。

1959 年，因“砫”字为生僻字，改石砫县为石柱县，新城境域仍属石柱县地。

1960 年 12 月，古城大队分出大树、烟厂、南椏、李坪等生产队设立新建大队。新城地域在国营大风堡黄连农场 8（新立）大队、悦来人民公社古城大队及新建大队。

1961 年 1 月，撤销国营大风堡黄连农场，建立楠木人民公社。新城地域在楠木人民公社 8（新立）大队、悦来区悦来人民公社古城大队及新建大队。

1968 年 10 月 21 日，石柱县人民委员会改为县革命委员会。新城境域随属，为古城大队革命委员会、新建大队革命委员会、8（新立）大队革命委员会。各生产队建立革命领导小组。

1980 年 7 月，楠木人民公社更名为东木坪人民公社。同年将以序数命名的大队名称更改为境内主要地名为大队名，8（新立）大队改为长岭大队。

1981 年 1 月 1 日，撤销各级革命委员会，恢复区公所、人民公社和大队管理委员会。新建大队改成南椏大队，新城境域随属黄水区东木坪人民公社长岭大队、悦来区悦来人民公社古城大队及新建大队。

1983 年 11 月 13 日，国务院批准石柱为土家族自治县。11 月 25 日，人民公社改为乡，设乡人民政府；大队改为行政村，设村民委员会。新城境域随属东木坪乡的长岭村、悦来乡的古城村和南椏村。

2001 年，重庆市人民政府正式批准建立悦崃镇（因重庆名悦来的地方太多，故改“来”为“崃”），撤销悦来乡、东木坪乡，将原东木坪乡的东木、长征、双院、黎明、绿水、长岭 6 个村并入悦崃镇，新城境域隶属悦崃镇。

2002 年 12 月，悦崃镇古城、南椏及长岭（新场在内）3 个村合并为新城村，原 3 个村的 16 个村民小组合并为 6 个村民小组，共 699 户 2419 人，村域面积 21 平方千米。

脱谷壳篙子

2018年年末，新城村有古城、青龙、勇为、南桠、金台、星光6个村民小组，共有746户2776人。主要村落地名有新场、金竹台、作坊、余横台、回龙湾、螺丝塘、潘家坝、穿心店、谭家塝、仓楼上、楼脚、旗竖湾、青龙山、店子、马氏宗祠、古城坝、枞毛岭、李地坪、烟厂、杨堡山等。

◉ 区位　交通

区位　新城村位于重庆市石柱县悦崃镇东北部，距石柱县城35千米。东北与黄水国家森林公园及黄水镇金花村接壤，东南与悦崃镇东木村相连，西南与悦崃镇悦来村毗邻，西北与鱼池镇山娇村、黄金村交界。全村面积21平方千米。

交通

道路　1979年，村境无公路，外出靠步行，有通往各院落及其他村的小道，四通八达。若远行，则走川鄂古道（巴盐古道）。川鄂古道贯穿新城村境。川鄂古道的形成年代无实据可考，但在唐宋时期，这条古道已成为巴盐（忠县㽏井的锅巴盐）销楚最便捷的大通道（川鄂古道上新城村有一块立于清乾隆五十一年的石碑，碑文记述巴盐销楚之事）。这条川鄂古道东至利川，西接忠县，全长约250千米。村境内湿滑路段以青石铺面，陡峻之处凿岩成梯，新城村的下店子（在今村委会办公楼旁）是川鄂古道上的重要驿站。2006年，实施新农村建设，在新城村古城组、青龙组修建并硬化一米宽人行便道10千米，建便桥4座，1600人受益。2007年，修建并硬化古城坝人行便道8.2千米。2010年，在新城村投资120万元修建、硬化人行便道30千米，受益群众1050人。

公路　1979年，建成悦来至古城坝的公路。至2004年，新城村域内有乡村公路33千米，水泥路面，除通达村境内每一个院落外，还南通悦崃镇，北与国道318线（川汉公路）相接，相接点西至鱼池镇4千米、千野草场7千米、西沱镇40千米（G50沿江高速在西沱镇设有进出口），东至黄水镇15千米。悦崃镇—黄水镇的二级旅游路贯穿村境（2019年6月竣工），南至悦崃镇4千米、石柱县城35千米（沪渝高速公路在县城设有出口，通往重庆市、忠县、丰都县、利川市等地；渝利高速铁路在县城设有石柱县站），东至黄水镇10千米（黄水至冷水20千米，在冷水进入沪渝高速公路）。

畅通的乡村公路（2017 年）

桥梁 村境有东北桥、西北桥、南桥、长岭桥、抗洪桥、漫水桥、尹家沟人行桥、尹家沟公路桥、马蜂包中桥、大沟塝中桥等桥梁。东北桥位于悦来古城坝北端，跨悦来河，兴建于清乾隆年间（1736—1795），长约 21 米，宽 1.2 米，高 6 米，2 礅 3 孔，条石平桥。西北桥位于青龙组大古堡下，跨后溪河，建桥年代无考，三礅四孔，条石平桥，全长 31 米，宽 1.2 米，高 6 米，1982 年被洪水冲毁，现存 1 孔断桥。南桥位于古城坝下店子，跨悦来河，建于明末，四礅五孔，条石平桥，桥面有石栏杆，栏杆石柱上有石狮等石雕，桥长 39.16 米，高 6.18 米，宽 2.17 米，民国初期洪水冲走一桥板石，1982 年洪水又冲走一半栏杆石，2016

下店子桥上龙头（2014 年）

年修复。长岭桥位于新场南边，跨长岭河，1983年修建，人行石拱桥，长3米，宽1米，高3米。抗洪桥位于余横台，跨小溪，1983年修建，人行石拱桥，长13米，宽1.5米，高6米。漫水桥有两座，分别位于古城坝安抚司遗址南端、北端，跨悦来河，2003年修建，为公路漫水桥（洪水时水从桥面漫过，不可过桥），南漫水桥长20米，北漫水桥长30余米，宽度均为5米。尹家沟人行桥位于新城村南端皇管溪，跨尹家沟河（鱼池河），建于民国时期，原为石平桥，1982年被洪水冲毁，1983年修复，桥长10米，桥宽1.2米。尹家沟公路桥位于新城村南端皇管溪（紧邻尹家沟人行桥），跨尹家沟河，2004年建成，单孔石拱公路桥，净跨18米，拱厚0.32米，桥长35米，宽7米，高4米，2018年修悦峡—黄水二级旅游路时保留。马蜂包中桥位于尹家沟公路桥上端，悦峡—黄水二级旅游路3千米处，桥梁全长73.5米，横跨尹家沟河，上部结构为3孔20米预应力混凝土空心板梁，下部结构0号、3号桥台采用重力式桥台，桩柱式桥墩，桥宽7.5米，2018年10月建成。大沟塝中桥位于悦峡—黄水二级旅游路6千米处，横跨大沟河，桥长68.5米，宽7.5米，上部结构为3孔20米预应力混凝土空心板梁，下部结构0号、3号桥台采用重力式桥台，桩柱式桥墩，2018年10月建成。

◉ 自然环境

地貌

属方斗山背斜构造，出露地层为第四纪侏罗系的砂岩和页岩。新城村东有七曜山，西有方斗山，形成“两山夹一槽”的中山地形，最高海拔1434米，最低为920米，平均海拔1300米。境内地貌以中低山为主，兼有山原、丘陵，重峦叠嶂，沟壑密布，河流交错。河流落差大，水力资源丰富。

山岭　长岭山位于新城村东部，是七曜山余脉，东南走向，最高的山峰海拔1434米，与黄水国家森林公园接壤。山岭中针叶林、阔叶林相间，植被繁茂，出产黄连、天麻等中药材及各种野生菌。

河流　悦来河古名望涂溪，是悦峡镇的主要河流，也是石柱县最大河流龙河的上游。发源于七曜山水系的黄水镇癞子塘，向西流经牛项溪，再南折流经悦峡镇潘家坝、古城坝、水白河、土车坝、下峡、高桥、马家坝，在青云洞处流入三益乡境内。在新城村境内长10千米。水量充沛，常年平均流量4.75立方米/秒。

悦来[1]河（2019 年）

气候　新城村属亚热带季风性湿润气候区，气候温和，夏无酷暑，冬无严寒，雨水充沛，气温宜人，具有春早、夏长、秋长、冬迟的特点。偶有寒潮、冰雹、干旱、洪涝等灾害性天气。1958—2018 年，新城境域常年平均气温 16.7℃，最低温度 -5℃，最高温度 38℃；常年无霜期为 240 天，初霜日多在 11 月出现，终霜日多在 3 月中旬出现；常年日照平均为 1315 小时，最多日照在 1963 年，1650 小时，最少日照在 1974 年，988.4 小时；四季平均日照数分别为春季 303 小时、夏季 653 小时、秋季 201 小时、冬季 57 小时；常年平均降雨量为 1301.9 毫米，最高的 1975 年为 1849.1 毫米，最低的 1971 年为 555 毫米；降水多集中在夏、秋两季，冬季是降水量最少的季节；受西太平洋热带季风影响，夏季 5 月、6 月多西南风，其余月多东风，常年平均风速为 1.5 米/秒，静风、微风占总频率 50% 以上，大风多在 4—8 月，最高风速为 17 米/秒。

自然资源

新城村海拔 920 ~ 1434 米，夏无酷暑，冬无严寒，雨量充沛，适宜植物生长和动物生存。

植物　乔木以松、杉、柏为主，以枫香、楠木、漆树、青杠等杂木为辅。松类有油松、红松、马尾松等品种。乔木中，杉类有铁坚杉、油杉、水杉、柳杉、三尖杉、红豆杉（稀有植物）等品种，柏类有侧柏、圆柏等品种。现有胸径 1.2 ~ 1.45 米的红松 3 棵，胸径 1.5 米的桦皮马尾松 1 棵，约 1 米胸径的松、柏、杉十数棵。灌木以马桑、杜鹃等为主。境域内还有红豆杉、珙桐等稀有植物。低矮的蕨类及荆棘，稍高的灌木及杂木，高大的松、柏、杉、枫等乔木，各采阳光，梯次生长。

---

① 编者注：图片中“悦崃河”应为“悦来河”。

新城村森林（2009 年）

古松树（2018 年）

动物 1959 年以前，林中有华南虎、金钱豹、豺、马豹等猛兽（1940 年，石柱县境有数起虎豹伤人的报道）。后因过度砍伐森林，虎豹绝迹。现有云豹、野猪、豪猪、花面狸、穿山甲、麂、麝、獴、松鼠、貂、野兔等哺乳动物，有红腹锦鸡、红嘴蓝鹊、乌鸦、喜鹊、野鸡、竹鸡、斑鸠、杜鹃、黄鹂、八哥、画眉、岩燕、白鹳、白鹤、白鹭、野鸭、翠鸟、秧鸡等鸟类。

附：罕见的猛兽——马豹

1959 年以前，石柱县域生活着一种猛兽，皮毛黑褐色，头部似马，身躯若狗，尾巴像猴，四爪类熊，头顶及背脊生黄色 3 寸鬃毛，其鸣如马，体重约 10 公斤，故称其为马豹。性急，若被活捉，半日自绝而死。行动敏捷，善攀缘，成群活动，遇牛羊虎豹，跳跃攀附其身，有的抓眼，有的抓耳，杀招是将利爪插进猎物的肛门，掏出猎物之肠，致猎物死亡。遍查各地古今资料，皆无此记载，但在石柱县境，确实有过这种猛兽，且数量不少，主要分布在方斗山、七曜山上，新城境域也曾有马豹出没。20 世纪 50 年代，马豹已绝迹，现已无法请动物学家考证。

◉ 人口　姓氏

人口总量　1963 年以前，新城村域的人口量无据可考。1964 年，新城村域有 1361 人，1980 年增至 2073 人。2002 年成立新城村时，全村 2419 人，2018 年增至 2776 人。

人口来源　新城村域的人口来源，主要有原住民和迁徙来此定居的移民。据马、陈、冉、谭等族谱载：马氏祖籍陕西扶风，马定虎到水车坝后才开枝散叶，形成石柱马氏宗族。陈氏是陈温随马定虎到水车坝，任安抚司同知，子孙世袭，开枝散叶形成的陈氏宗族；冉氏原籍酉阳，南宋冉守时任石砫安抚司佥事后开枝散叶，形成石柱冉氏宗族；谭氏是蒙古贵族铁木耳的后裔，元朝灭亡时归路被义军阻断，无奈匿居石柱山区，后繁衍壮大形成石柱谭氏宗族。

人口构成　2018 年，新城村人口性别构成为男 1602 人，女 1174 人；人口民族构成为土家族 2530 人，汉族 244 人，布依族 2 人；人口年龄构成为 0 ～ 10 岁 233 人，

赶场（2004 年）

11 ~ 20 岁 302 人，21 ~ 35 岁 320 人，36 ~ 45 岁 786 人，45 ~ 60 岁 610 人，60 ~ 70 岁 435 人，80 ~ 90 岁 76 人，90 岁以上 4 人。

姓氏 2018 年，新城村人口姓氏构成按笔画排列：丁姓 25 人，马姓 740 人，王姓 102 人，邓姓 15 人，田姓 18 人，冉姓 203 人，付姓 6 人，白姓 4 人，兰姓 1 人，成姓 29 人，向姓 53 人，刘姓 51 人，杜姓 14 人，李姓 40 人，余姓 97 人，邹姓 15 人，汪姓 91 人，张姓 191 人，陈姓 123 人，罗姓 22 人，周姓 24 人，胡姓 14 人，贺姓 6 人，秦姓 54 人，聂姓 36 人，徐姓 27 人，高姓 16 人，唐姓 14 人，陶姓 16 人，黄姓 9 人，曹姓 38 人，龚姓 1 人，梁姓 39 人，曾姓 5 人，廖姓 4 人，谭姓 427 人，黎姓 166 人，滕姓 39 人，潘姓 1 人。

1963—2018 年新城村域内人口统计一览表

表 1

年度	古城	南椏	长岭
1963	646	—	366
1964	633	344	384
1965	684	370	401
1966	701	353	422
1967	739	393	447
1968	764	414	470
1969	799	433	491
1970	838	444	536
1971	858	443	563
1972	897	462	585
1973	928	484	616
1974	928	502	617
1975	948	509	628
1976	944	519	638
1977	955	531	629
1978	942	526	624
1979	924	528	624
1980	926	521	626
1981	928	527	650
1982	950	538	640
1983	962	545	640
1984	965	539	643
1985	970	534	650
1986	969	536	666

续表 1

年度	古城	南椏	长岭
1987	965	550	671
1988	962	556	677
1989	989	562	679
1990	997	569	678
1991	1026	580	677
1992	1036	586	675
1993	1052	600	674
1994	1020	597	673
1995	977	542	672
1996	933	535	675
1997	1072	604	667
1998	1062	608	658
1999	1063	605	678
2000	1071	610	664
2001	1079	615	673
2002	2419		
2003	2459		
2004	2564		
2016	2671		
2018	2776		

附：石柱马氏源流

1 马援　2 马光　3 马朗　4 马铭　5 马宁　6 马杰　7 马策　8 马良　9 马不矜　10 马逸　11 马永生　12 马简　13 马任　14 马千　15 马立　16 马仙　17 马在斯　18 马荘　19 马劲　20 马澄　21 马周　22 马彦　23 马宪　24 马瀛　25 马燧　26 马徽　27 马发龙　28 马澍　29 马振　30 马敏　31 马允衡　32 马旭生　33 马芝兰　34 马肺石　35 马匡　36 马孟铨　37 马喜占　38 马忠　39 马定虎

◉ 基础设施

供电　1949 年前，新城村村民照明用桐油灯，部分贫苦农民用松油烛、枞光亮（松节），用煤油灯极少。中华人民共和国成立后，用煤油灯、马灯照明。1978—1980 年，村域的古城大队、南桠大队先后由悦来高桥水电站供电照明，长岭大队由楠木水电站供电照明。1990 年后，历经 3 次农网改造，至 2018 年，新城村由国家电网供电，家家户户用电照明。农户客厅、卧室多换上造型各异的时新灯具。家庭炊具亦多用电饭煲、电炒锅、电磁炉。

新场下场口电线杆（2014 年）

天然气 2017 年，村域接通天然气输送管道，古城组、青龙组、勇为组开始用天然气做饭和取暖。2018 年无变化。

饮水 1986 年，国家补助给南桠组新屋阳堡山 324 元、南桠丘 268 元、南桠反背冲 402 元、上李家坪 364 元、古城勇为塝上 300 元，分别修建蓄水池，解决人畜饮水问题。2003 年 10 月，新城村南桠组人畜饮水工程完工，解决 446 人、667 头牲畜饮水难问题。

灶屋全景（2014 年）

塘堰 2002 年 8 月，国家投资 63115 元，维修整治古城大堰，维修长度 1.2 千米，挖运土方 200 立方米，开采并砌筑条石 60 立方米、槽石 432 立方米。2012 年 3—11 月，国家投资 214 万元，整治病险山坪塘 12 口、沟渠 3.5 千米，1850 人受益。

邮电 1938 年，为监视日本侵略军的飞机行踪，重庆防空司令部监视队在村域的慈谷岭（南椏组）设防空哨，配有单机电话一部（1945 年 12 月撤销）。1939 年，新场始设邮政代办所。1953 年 12 月，新场设有长岭乡邮政代办所，经营业务有话务、包裹、报刊收订等。邮政代办所接受当地人民政府的领导，业务上接受县邮电局统一领导。1958 年撤销长岭乡后，邮政代办所随之撤销。2000 年后，村域的古城、南椏、长岭村委会，及古城小学校、村医疗卫生室，均接通固定电话，逐步有村民使用移动电话。2018 年，除耄耋老人和儿童外，村民均用移动电话。

◉ 村级组织

中共组织 1948 年，新城村有中共地下党员邓正洪开展活动。1952 年，发展马世才为新党员，随后逐年发展新党员。1958 年后，先后建立中共古城村支部委员会、中共新建村支部委员会、中共新立村支部委员会。各支部设书记 1 人，副书记 1 人，委员 3 ~ 5 人，党员 5 ~ 14 人。

新城村委会办公楼前石塑（2019 年）

农家新房（2017 年）

1991 年，中共古城村支部与悦来乡党委签订《悦来乡党委一九九一年农村基层党组织建设工作目标管理责任书》，坚持“三会一课”制度，有党员活动室，健全规章制度并上墙。执行党员责任区的各项任务。坚持民主生活会，为民办实事。村支部班子团结，配合工作好，完成任务好，年度党务工作获评全乡第三名，王邦兴、孙义礼获中共石柱县委 1991 年度优秀党员表彰。

2001 年 11 月，村支部换届选举，王朝武、谭方梅、冉启发分别当选南椏、古城、长岭村支部书记。

2002 年 12 月 6 日，撤销古城村、南椏村、长岭村，合并设立新城村，成立中共新城村支部。杨洪成任支部书记至 2010 年 12 月换届选举为止。2010 年 12 月换届选举至 2018 年年末，马泽红任支部书记。

2018 年，新城村支部委员会设书记 1 人，副书记 1 人，委员 5 人。村支部共有党员 75 名。

新城村民委员会 2002 年 12 月 6 日，撤销古城村、长岭村、南椏村，合并设立新城村，成立村民委员会，设主任 1 人、综合服务（会计、文书）1 人。新城村民委员会成立至 2003 年 12 月换届，王朝武任村委主任。2003 年 12 月换届选举至 2010 年 12 月换届，马泽红任村委主任。2010 年 12 月换届选举至 2016 年 12 月换届，杨洪成任村委主任。2016 年 12 月换届选举至 2018 年年末，张才文任村委主任。

◉ 农业生产

粮食作物 新城村种植有水稻、玉米、薯类等粮食作物。水稻原品种为落毛粘、贵阳粘、麻壳粘、大酒谷、麻酒谷、寸谷等，均为迟熟型高秆中稻。1964年后逐步引进珍珠矮、南特三号、汕优、D优等矮秆良种。矮秆品种不倒伏，宜密植，耐旱耐肥，优于高秆品种，粮食亩产增加。20世纪80年代起，全面推广优质杂交水稻，比高秆稻增产近两倍。玉米原品种有百日早、黄玉米、白玉米等，品种较老，广种薄收，亩产80公斤左右。1974年开始推广兰7、绵玉、山北6号、渝丹8号等杂交玉米品种，并采用肥球育苗移栽、双套双带状密植，亩产量近400公斤。薯类作物有马铃薯、红薯等。新城村是马铃薯种植示范村，2002年，种植马铃薯1150亩，产量285吨。2015年，全面推广脱毒马铃薯良种，改平作栽培为起垄栽培，改粗放用肥为配方施肥，改晚育病见病防治为预防为主专业化防治。2018年，全村种植马铃薯1100亩，产量278吨。

经济作物 有黄连、辣椒、南星、花生、油菜、烟叶等，2018年全村种黄连1500亩、魔芋330亩、辣椒480亩。

◉ 医疗卫生

传染病防治

1960年以前，新城境域曾流行的传染病主要有麻风、麻疹、天花、伤寒、流感。1960年后，随着环境卫生、饮水卫生、食品卫生的改善，除流感外，已无麻风、麻疹、天花、伤寒流行。

麻风 1928年，新城境域长岭朱家沟的1名马姓长工患麻风病，之后传染11人，皆无药可治，只能坐以待毙。1960年，涪陵地区在冷水刘家沟建麻风医院，对麻风病人进行隔离治疗，治愈率约50%。1960—2018年，新城境域未再发现麻风病例。

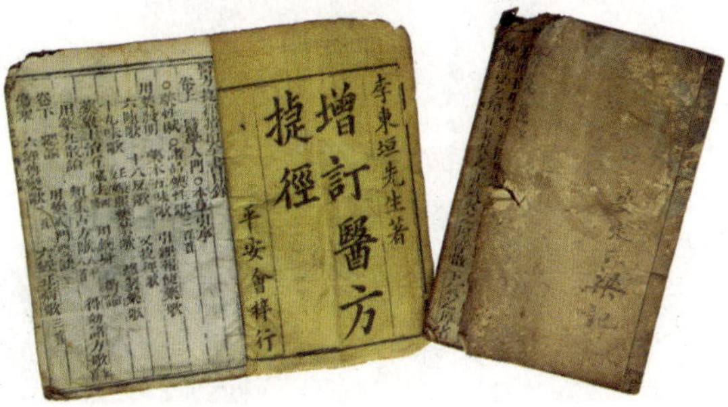

土家医书《增订医方捷径》

麻疹 民国时期，新城境域的幼儿患麻疹，皆以中药土法治疗，多数都能治愈。1953 年，新城境域的儿童开始注射麻疹疫苗，患麻疹者日渐稀少。2018 年，村境已无患麻疹者。

天花 民国时期，新城境域偶有染天花者，死亡率占 80%，存活者脸部有凹坑（俗称麻子）。1953 年始，新城境域的全部儿童接种牛痘，天花自此绝迹。

伤寒 1945 年，伤寒病在长岭村一带流行，国民政府无作为，持续半年死亡 20 余人。1954 年，村境的长岭伤寒流行，悦来区医院组织巡回医疗组驻长岭，建立防疫队伍和疫情报告制度，经过 10 天突击防治，控制住疫情，无人死亡，之后未再发现伤寒病例。

流感 民国时期，新城境域有流感发生，多以中药土法治疗。中华人民共和国成立后，虽常出现流感病例，但随着医疗水平提高，流感能得到及时救治，未出现大面积流行。

医疗组织 1949 年前，新场街上有私人开设的药铺 3 家。1953 年 5 月，新场建立公私合营医疗站，有医务人员 5 人，1958 年撤销公私合营医疗站。1970 年，县卫生院培养马兹勋为赤脚医生，并在境域建立合作医疗站。马兹勋负责小病诊治，由大队、生产队评工分，参加集体分配。1981 实行土地联产承包责任制后，赤脚医生不再计工分参与集体分配，而经县卫生部门考试合格后，发给执照才可行医。2001—2018 年，境域有 3 个卫生站（医务人员 5 人）、3 个医药店，均为私营，境域内小病可就地得到治疗（病情稍重则到悦峡镇卫生院或石柱县人民医院、石柱县中医院诊治）。

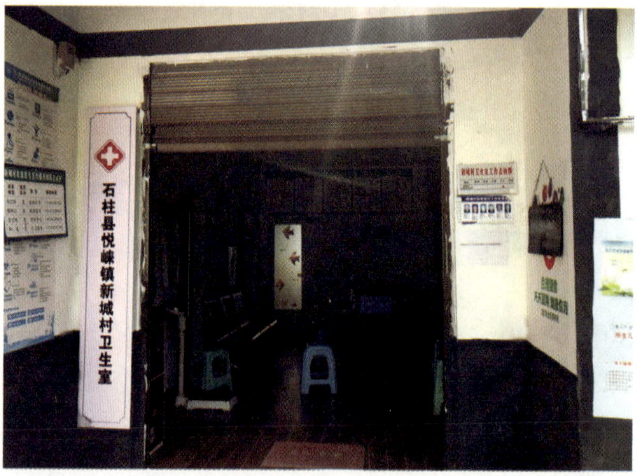

新城村卫生室（2019年）

医疗保险 2005年年末，新城境域开始实行新型农村合作医疗保险。2010年年末，全村95%的人已参加新型农村合作医疗保险。2018年，全村2725人参加新型农村合作医疗保险，占全村总人口的98%。

教育

新城境域先后有私塾、学堂、小学、农中等。民国时期，富绅聘塾师教授子弟，贫民无钱上学。中华人民共和国成立后，人民翻身做主，纷纷送子女上学，适龄儿童入学率逐年增高。1980年，新城境域适龄儿童入学率达97%。1985—2018年，适龄儿童入学率达100%。

旧制教育 清光绪二十四年（1898）以前，境域地主、豪绅皆聘塾师教育子弟。私塾以教授《三字经》《百家姓》《千字文》《五字经》《当家书》《女儿经》等经、史为主。光绪二十四年，新场设“永睦乡模范小学堂”（牌匾现存冉氏作坊），何时停办失考。1913年，谭定炳在新场盐店开办学馆，聘马朝明任教，为谭姓子弟教授诗书，有学生30余人，谭定炳过世后停办。1950年后，停办私塾。

学前教育 1958年，在古城小学附设托儿所，招收3～6周岁学前儿童，统一食宿。1960年，托儿所停办。1993年，古城小学招收学前班，招生20余人，按国家规定开设有语言、常识、计算、体育、音乐、美术等课程。2018年年末，因缺生源（只有2人）而停办。

小学教育

新城境域先后开办长杠岭保国民学校、古城小学，南椏小学。1950年，长杠岭保国民学校更名为长岭小学。2011年，古城小学更名为汤臣倍健希望小学。

长岭小学 1929年，在新场万天宫开办长杠岭保国民学校，初时仅十余人。3年后有1～4年级学生五十余人。1937年起，教师周权武在长杠岭小学任教，声誉好，人们纷纷送孩子入学，两年后学生增至120名（4个班），增修教室2间，增聘马德奎、冉从梓、谭德英等教师。1950年，长杠岭保国民小学更名为长岭小学。1953年春，县教育局拨款5000元，增建7间教室，建筑面积800平方米，活动场地350平方米。1958年，有6名学生升入悦来中学。2000年后，部分村民追求教学质量，在悦来街上或县城买房，送子女到悦来小学或县城的小学就读，长岭小学生源逐渐减少。2017年，长岭小学因无生源停办。

汤臣倍健希望小学 1940 年，在古城坝马氏宗祠内开办古城小学。1950 年，有 4 个班，学生约百名。1980 年夏，古城小学有教师 7 名（其中公办教师 2 名），有小学 5 个班，共 238 名学生。1994 年，开始普及九年义务教育。1998 年，古城小学开设电脑课，有电脑 11 台。2002 年，古城小学有 7 名教师 220 名学生。2010 年，广东汤臣倍健捐资 20 万元，县人民政府提供配套资金 18 万元，在马氏守祠旁新建古城小学校，9 月 20 日开工，年末竣工，新校占地 2400 平方米，建筑面积 833 平方米，可容纳 220 名学生就读。2011 年，古城小学迁入新校，更名为“汤臣倍健希望小学”。2018 年，汤臣倍健希望小学有教师 4 人，学生 30 余名。

学生课间活动（2013 年）

南桠小学 1964年兴办，常有一、二、三年级各1个教学班。三年级之后转到悦来小学或古城小学继续就读。1981年，因缺乏生源而停办。

学制与课程 民国时期，小学学制4年，开设国文、算学、体育、音乐、常识、图画等课程。中华人民共和国成立后，低年级开设国语、算术、美术、唱游，中年级开设国语、算术、常识、音乐、美术、体育等课程，高年级开设国语、算术、政治、历史、地理、自然、音乐、美术、体育等课程。1952年秋季，始实行小学5年制，国语改为语文。1955年，高年级算术课程中安排珠算课。1963年，减少历史、常识课。“文化大革命”期间，只开设天天读（读毛主席语录）、语文、算术、革命文艺、军体、音乐课。1980年，四、五年级增设历史、地理课。1981年，各年级开设思想品德、语文、数学、体育、音乐、美术课，三年级增设自然课，四年级增设地理课，五年级增设历史课。1984年秋，学制改为6年，一、二、三年级只开设思想品德、语文、数学、音乐、体育课，四年级增设自然课，五年级增设地理，六年级增设历史课。1998年，古城小学开设电脑课，有电脑11台。2001年，开设思想品德、语文、数学、自然、体育、音乐、美术、电脑等课程。2002年，思想品德课改为社会课。

中学教育 1978年，在古城小学附设农办初中班（俗称农中、戴帽中学），聘任民办中学教师2人，有学生22人，学制3年，开设思想政治、语文、数学、外语、物理、化学、历史、地理、生理卫生、体育、音乐、美术、劳动技术课。1981年夏停办。1981年，长岭小学附设农办初中班，有学生28名，1984年夏停办。1985年秋，再设农办初中班，有学生33名，1988年夏停办。

◉ 村民收支

收入 1950年以前，境域内90%是贫农、雇农和佃农，每年劳动收获被地主收租60%～70%，农民收入低微，一年中总有几个月缺口粮，吃糠咽菜勉强度日。1952年，实行土地改革，农民分到土地，自己耕种，收入大增，生活改善。1954年，开展农业互助活动，三五几户组合，互相帮助。农民收入进一步增加，生活较好。1959—1961年，为困难时期，收入减少，饿死者众多。1983年实行家庭联产承包责任制后，农民积极性提高，粮食生产增加，富余劳动力可以搞副业，农民收入大幅增长，温饱问题基本解决。1994年后，富余劳动力外出打工，月收入少则200元，多则500元，且薪酬水平

晒谷（2014 年）

每年以 20% ~ 30% 递增，农民日益富裕。2000 年，境域农民人均年收入 2013 元。2010 年，境域农民人均年收入 7460 元，部分人达到小康。2018 年，村民人均年收入 16917 元，基本实现小康。

支出 1962—1980 年，境域群众主要支出是口粮款（稻谷 0.09 元 / 斤，大米 0.138 元 / 斤）及油、盐、服装等家用。1983 年，实行家庭联产承包责任制后，境域农民所种粮食，每年都有余粮可出售。肉、蛋、蔬菜多为自给自足，余者出售。主要支出为修建房屋，购买化肥、农药、种子，缴纳医药费、电费、子女学费，以及添置农机、家具、家电、服装、手机、电脑、摩托车、汽车等。1987 年、1995 年、2000 年、2010 年、2018 年，村域农民家庭人均支出分别为 330 元、1330 元、1953 元、7219 元、16214 元。

20 世纪 50 年代的寝室陈设

◉ 村民生活

服装 土司时期，境域男子上衣为圆领右开襟短袍（长不过膝），系腰带，下装为大腰大裤管。女子内穿立领短袍，外套对襟背心，系围腰。下着过膝百褶裙，衣裙尽刺花边。改土归流至清末，境域男子春、秋季上穿青色、灰色或蓝色大袖右超襟长衫，夏穿坎肩或对襟短衣（习称汗头），少数豪绅穿细纱宽布或丝绫绸长袍马褂。冬穿棉袍外罩长衫，初冬及初春穿棉背心，老年人系腰带（别烟袋及刀斧）。下穿大裤腰大裤脚的裤子，春、夏、秋着单裤，冬天穿棉裤。女子上衣为青色或蓝色外托肩大袖右超襟的齐膝圆摆短袍，衣襟、袖口皆绣花边，系上圆下方的绣花挂颈包肚围腰。少数富家女子穿绫罗绸缎缝制的旗袍，冬天穿棉袍罩外衣。下装为青色或蓝色，大裤管，裤脚边绣花，

老人满襟衣（2014年）

蓝布长衫（2015年）

裤腰用白布。男女服装皆用自织、自染的土布手工缝成，以丝织品作衣料者极少。民国时期，基本沿袭清代服装。冬天除穿长棉袍（习称夹袄）外，还穿短棉袄（习称滚滚儿）、棉坎肩（习称棉背心）。少量中小学生男穿童军服、女穿旗袍。中华人民共和国成立后至1980年间，中老年人沿袭民国时期服装，青年逐渐流行男穿中山服，女穿胸前

土家族服饰（2010年）

五扣的列宁装或花布右开襟齐臀短衣，仍喜系绣花围腰。白布衬衣、毛衣以及绒衣绒裤等针织服装逐渐普及。随缝纫机面世，逐步取替手工缝制。布料为市面出售的细纹布，不再自纺、自染粗纱布。“文化大革命”时，青年男女皆喜穿军大衣、军服，挂军挂包。1981—1990年，随着市场经济的繁荣，成衣商店日益增多，街头缝纫店铺业务日渐减少，除极少数老年人仍穿右开襟长衫外，余者均穿新式服装。开始流行西装、夹克、风衣、休闲装、猎装等。男女青年先后时兴穿喇叭裤、牛仔裤、马裤、短裤，女性还喜穿旗袍、长裙、短裙、丝裤等。布料则由细纹布向的卡、的凉、毛料、毛呢、棉纤或棉毛混纺过度。1990年后，防寒服多以羽绒替代棉花，服装品种繁多，样式百出。

编草鞋（2014年）

鞋袜 1950年以前，男子一年四季多穿草鞋，冬天用棕包脚，缠裹腿（上缠至膝，下缠至踝），少数男子穿圆口布鞋和布袜。妇女穿襻襻鞋（鞋面绣花，鞋襻镶边）、绣花鞋，缠裹脚（上缠至膝，下缠至脚尖）。雨雪天男女都在鞋上捆草绳防滑（俗称草脚马儿），冬天穿棉鞋（习称温鞋）。1950—1980年，穿草鞋、缠裹腿者日渐减少，多穿布鞋、胶鞋、解放鞋、运动鞋、雨靴、塑料凉鞋、塑料底布鞋、皮鞋和棉纱袜、尼龙袜，布袜已少见。1980—2018年，鞋袜不再手工自制，均在商店购买，鞋袜式样品种繁多。

布鞋鞋底（2016年）

草鞋（2015年）

十八罗汉帽（2015 年）

老人头裹头帕（2015 年）

罗汉帽（2014 年）

幼儿虎头帽（2015 年）

冠戴 土司时期，男女多头缠白布或青布长帕（短则 2 米，长则 4 米，宽 0.2 米），冬天老人戴披披帽，小孩戴缀银饰的虎头帽、披披帽。改土归流至清末，冠戴基本沿袭旧时，部分男子戴顶子帽、瓜皮帽。民国时期，不再戴顶子帽，有豪绅戴绅士帽。1950—1980 年，不再戴瓜皮帽，青少年戴遮阳帽、呢帽等，冬天戴毛军帽、棉帽，中老年人仍以缠白布长帕为主。1981—2000 年，青少年戴帽者渐少，小孩冬天不再戴虎头帽、披披帽，而戴手工编织的毛线帽。老年人仍头缠白布长帕，或戴商店出售的布帽和棉帽。2000—2018 年，老年人包白布长帕者日渐减少，戴手工编织的毛线帽者日渐增多，中青年除戴网球帽以外，余者不戴帽。

发型 土司时期，男女皆蓄长发、胡须，或披于后背，或以布条束拢垂于背后。改土归流后，男子剃前额之发，后脑蓄独辫子，女子高髻螺鬟。民国时期，中老年男子多剃光头，青年男子多剃平头或留大分头、偏分头，小孩蓄桃形发或“一块瓦”（头前部留一块形似瓦片的短发）。1950—1980 年，中老年人多剃光头，或留小平头，青少年多留大平头或分头，小孩留平头或“一块瓦”。中老年妇女挽髻或扎辫子，青少年女子不挽髻，扎辫子或留齐耳短发。1981—2018 年，老年男子剃光头、留小平头，青年男子流行平头、寸头等时新发型，女子流行烫发、染发，自然披散，极少挽髻、扎辫子者。

饰品 1950 年以前，妇女戴耳环、手镯，别簪子以固髻鬟。小孩帽檐上饰“八仙”“十八罗汉”，部分小孩戴“长命富贵”锁项圈。1950 年后，除少数老妇挽髻别簪子外，不再戴耳环、手镯，小孩亦不戴项圈。中青年女子别发夹。1980 年后，妇女开始戴耳环、项链、手链、手镯、戒指等，别发夹者渐少。

饮食 1950 年以前，以大米为主粮，辅以玉米、豆类、薯类、蔬菜，少吃面食。因贫雇农缺地少粮，多以粗细粮混杂饭、菜羹、稀饭、糠粑度日，少见油荤。1950—1980 年，生活改善，始食馒头、包子、抄手、机制面条，但粮食不足，肉食更少。酒以红苕酒、米糠酒、咂酒为主，玉米酒、高粱酒较少。糖以蜂蜜、自己熬制的红苕糖、高粱梗糖为主，红糖、白糖属计划供应物品。1981—2018 年，年年有余粮，蛋、肉等食品增多，以大米为主粮，肉类、蛋类、豆类、马铃薯、蔬菜为辅，玉米、红苕、高粱则用于酿酒或饲养家畜。家家炕腊肉、炕豆腐干、灌香肠、包皮蛋、泡盐蛋、打糍粑、炸麻花、做阴米、黏米花糖。不再熬红苕糖或高粱梗糖，不再酿红苕酒、米糠酒，煮咂酒者亦少，以酿糯米酒、玉米酒为主，高粱酒为辅。

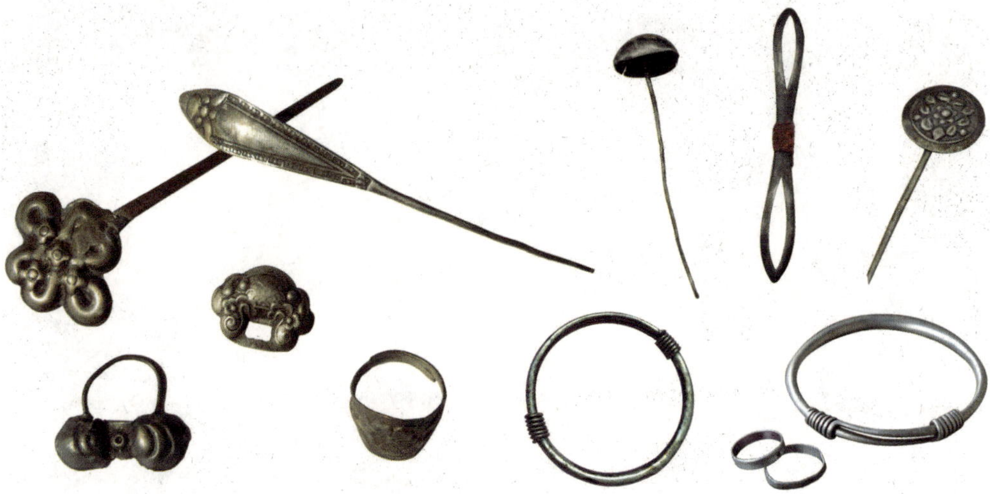

发簪　耳环　戒指　手镯

村域居民味喜酸辣，家家有品种多样的咸菜、豆豉、霉豆腐、豆瓣、泡菜等，且都做有鲊肉、鲊菜、鲊辣椒、鲊瓜片、鲊薯丝、鲊把蒜藠头等。待客时多泡米米茶、煮荷包蛋、摆干盘子、出九大碗。特色食品有都巴、斑鸠叶豆腐。特色饮品为咂酒、米米茶。

民居

村域民居多选在山湾处，依山面溪，院落周边植竹、果木、花木，也植少量松、柏、杉作为风水树。1980 年以前，村域内民居均为全木结构盖小青瓦的土家吊脚楼，普遍为一楼一底，以长三间、长五间，或一正两厢布局。1981—2000 年，新修房屋 49 家，普遍为土木结构，长三间一楼一底通阶檐。2001 年后，新建房屋多为二楼（或三楼）一底，样式自行设计或由工匠设计。砖混结构，预制楼板，现浇平屋顶或盖陶瓷大瓦，铝合金窗，不锈钢工艺门或卷闸门，外墙装饰瓷砖，内墙刷涂料或贴瓷砖。2018 年，90% 的家庭已重建新房，不住低矮老房旧房，有的家庭在悦崃镇、石柱县城买套房。

吊脚楼特色 村域土家人多在台、坪、塆、坝、梁聚族而居，依山取势，修建吊脚楼，既可避潮湿，又利养畜禽。吊脚楼为典型的“干栏式”建筑，其形状常有“撮箕口

土家吊脚楼（2015 年）

火塘姐妹（2013 年）

式”“转角楼式”“亭阁式”，条石基础，盖小青瓦。檐下挑枋向上弯曲，致屋檐呈燕尾式略为上翘，造型别致。檐下是吊楼，吊楼下是通阶沿。正屋和厢房多为长三间或长五间，通阶沿。厢房的地平面低于正屋地平面 0.6 ~ 1.5 米不等，由厢房到正房需上石阶梯。院坝又低于厢房 0.3 米，利于自然排水。厢房远离正屋的一端，一般都建成低脚吊楼（低脚吊楼的底楼地平面比厢房地平面低 2 ~ 2.5 米左右，其二楼与厢房的底楼平齐）。低脚吊楼的底楼多作厕所，或圈养畜禽，二楼为彩楼。无论正屋和厢房，均在正中一间的底楼设堂屋，堂屋后壁处设神龛，供天地君亲师牌位及祖宗灵牌。除堂屋为通间外，余者均以板壁分为前后两小间。堂屋左侧的房间设厨房、火塘（地面挖坑，条石镶边，坑中烧火取暖，火塘上方挂有吊钩，俗称冲塘钩，吊鼎罐煮食物或吊水壶烧水），各占一小间。右侧房间设加工房（放置篇子、石磨、石碓等用具，进行砻谷、磨面、磨浆、舂米等加工）、储物间，亦各占一小间。若因房屋不多，需在底楼设卧室，一般要在距地面 0.2 米处增修木楼板以隔潮（俗称地镇屋）。二楼设卧房、粮仓等。楼外（通阶沿上面）为楼廊，俗称吊楼、彩楼，供人们闲耍，或者晾晒衣服、豆谷。姑娘们常在吊楼上绣花，故而吊楼也被称“耍楼”。彩楼边缘每 3 ~ 4 米（与木列对应）立 1.2 米高的短柱（穿斗在吊楼楣枋上，柱顶有瑞兽或花蕾木雕，柱底多为吊瓜木雕），短柱之间装柱形栏杆，或装木板栏杆，俗称杉栏子。柱形栏杆的小木柱为造型美观的柱形木雕件，木板栏杆由木板和小隔枋以公母榫镶接，板、枋上均浮雕瑞兽及花草虫鱼等。吊脚楼外围的后、左、右地面皆有沟（称阳沟），且互相连通，沟底铺装片石（俗称滴水石或檐水石），以接屋檐水，排放雨水和生活用水。

吊脚楼建造 吊脚木楼的房架，是柱与穿枋连成木列，木列与木列之间以梁、檩等构件相连形成。另在檐柱上穿斗挑枋挑起瓜柱，瓜柱之间穿斗吊楼看枋（吊楼的矩形楣枋），形成吊脚楼房架。也有在吊脚楼下添加脚柱，以增加支撑吊脚楼的力量。古时修建土家吊脚楼不用钉子，全部用穿斗、铆榫结构（以小木条为铆子），后在钉椽子（俗称桷子）时用铁钉。建吊脚楼不用图纸，掌墨木工在明确房主的修建要求之后，形成腹稿，各柱、枋、梁、檩的尺寸已全部装在脑中。之后伐木、备料、划墨线、凿眼、锯榫，雕刻瓜柱、斜衬枋、檐板等，将柱、穿枋穿斗组合成列（一间房需二列，二间房需三列，三间房需四列，以此类推）。一切准备工作就绪后，即由房主请乡邻

土家吊脚楼立木列（2013 年）

吊脚楼盖瓦断水（2013 年）

亲朋帮忙立房。以粗麻绳拴住木列上部，在掌墨木工的指挥下，众人口喊号子，用力拉绳，全凭人力立起木列。用撑杆临时稳固住已立起的木列后，再立第二木列。第二木列立起并稳固住后，即开始穿斗楼檩、榫接屋檩，最后安装中梁。两架木列经檩、梁连接，形成一间房屋的骨架，稳固不倒，遂取掉撑杆等临时稳固物，再立第三木列。所有木列立好并用檩、梁固定后，立即钉椽子、盖瓦，俗称“断水”（隔断雨水淋浸）。

出行 新城村山高岭峻，沟深壑险，道路崎岖。1949 年前，贫民出行须步行，运输物资靠人力肩挑背负，运出的是米粮，运进来的是盐巴、布匹、百货。官绅出行骑马、坐滑竿，女性坐“兜兜轿”。1980 年后，村里通了公路，到悦来赶场、运输货物，皆可乘车。2018 年，村道公路通达村域内每一个院落，许多农户买有摩托车、机动三轮车、小汽车，无论是赶场，还是到其他院落串门，甚至是到公路边的田间地头劳作，均习惯驱车前往。运粮食、购化肥等，都用机动车运输，彻底摆脱肩挑背磨的苦日子。

卧具 1949 年前，新城境域有钱人的卧具有缎子被面、荷叶枕头、蚊帐、床单、青篾席等。贫穷人家四季用黄篾席、糠壳长枕头和烂棉絮、土布被面。山区不少人在苞谷（玉米）壳中睡觉，俗称“冲壳子”。1985 年后，土家族人卧具、摆设已普遍超过当年的地主、商人，毛毯、踏花被、羽绒被等高档卧具进入农家。

扁背（2015 年）

滑竿（2014 年）

汽车开进村里来（2017 年）

土陶泡菜缸（2014 年）

用具　1950 年前，有钱人室内摆设书案、木柜、花瓶、妆台等，个别的有热水瓶、自鸣钟。贫穷家用的是草凳、木凳。餐具、茶具普遍为土陶，少有细瓷。20 世纪 70 年代始，新城境域内流行搪瓷、陶瓷、塑料、铝制的餐具用具，热水瓶已遍及家家户户。1985 年，新城境域农民购买棉被 173 床、缝纫机 13 台、手表 169 只。1990 年后，木制家具式样不断翻新，已流行上海式床、三开玻璃柜、高低柜、写字台、五斗橱和各种靠椅、沙发。2000—2018 年，普遍不再用老式家具，多在家具店购买新式家具或请木工到家按房屋空间制作附壁家具。打米机、粉碎机、脱离机、耕田机等进入农村家庭后，传统的簏子、碾盘、碓窝等，已弃置不用。厨房用具也有改变，过去用的木案板（三脚木马上搁置的大木板，用以放置甑、盆、盖、箕等厨具）、木碗柜、土石灶台均毁掉，用预制构件外贴瓷砖的案板和碗柜，灶台用砖混砌筑，外贴瓷砖。一部分家庭使用电饭锅煮饭，液化气灶炒菜。

家电　1985 年，新城境域有电视机 2 台、录音机 7 部、收音机 38 部。2000—2018 年，电视机、收录机、照相机、电风扇、电冰箱、洗衣机、电饭锅等已较为普及，少数家庭有电脑。

◉ 社会保障

1949 年之前，优抚救济有名无实。中华人民共和国成立后，县人民政府设立民政部门，镇政府配备民政助理员，负责优待、抚恤、救济等工作。

居民新村（2016 年）

优抚 按照国家政策规定，对境内农村烈军属、残疾军人和复员退伍军人实行优待。逢年过节，群众自觉登门给烈属、军属拜年，致以慰问，政府召开团拜会，给烈属、军属、复员军人送光荣匾和礼品，“一人参军，全家光荣”成为社会风尚。在农业合作化前，组织群众助耕和代耕烈属、军属的土地，以解决其生产上的困难。农业合作化后，由农业社（生产队）给优抚对象评记补助工分，以保证烈军属的工分不低于同队社员的平均水平。落实家庭联产承包责任制后，由乡财政统筹支付，每年给军烈属发优待金 100 元，给复员军人发优待金 60 元。在群众优抚的基础之上，国家对军烈属、残疾军人、复员退伍军人生活困难者给予定额补助：20 世纪 60 年代，农村每人每月 2 ~ 4 元；1988 年因物价上涨，补助金额增至每人每月 50 元。1994 年，乡政府工作人员为军烈属和残疾军人助耕、插秧、除草、挑水，发放优抚金每人每月 324 元。同时，宣传《中华人民共和国残疾人保护法》，为村境残疾人助耕、送柴，捐款 65 元，解决优抚金 210 元。

救济

灾害救济 村域水、旱、风、雹灾害频繁。1949 年前，有灾无救，灾民流离失所，

风谷（2016 年）

外出逃荒都无人过问。中华人民共和国成立后，每遇灾害发生，人民政府在组织群众生产自救的同时，大力开展救济工作，及时采取救济措施，给每个受灾户发放救济款 200 ～ 500 元不等。

老年人补贴 2018 年，新城村 60 岁以上老人，每人每月生活补贴 100 元，70 岁以上每人每月生活补贴 125 元，80 岁以上每人每月生活补贴 150 元，百岁老人除每月有生活补贴外，凡生日、过年、过节，镇政府专门慰问，送礼品和慰问金。结婚未生育或生育后子女死亡，现无子女的特抚对象，年满 60 周岁以后，每年另有 3000 余元补贴。40 年以上党龄的共产党员，未享受社会养老保险且年满 60 周岁的，每月另有 90 元补贴，满 70 周岁的每月另有 120 元补贴，满 80 周岁的每月另有 130 元补贴。1985 年 4 月建成悦来乡敬老院后，孤寡老人可以住悦来乡敬老院。

低保 2001 年 10 月始在新城境域实施低保政策。先由本人申请，之后村、组评议，同意后交镇政府初审，最后将有关材料报县民政局审批。县民政局批准后转回村、组张榜公示，无异议后发放低保金。2018 年，村内有 35 家 48 人（70 岁以上老人、重病患者、残疾人、在校困难学生）评为低保户，每人每月获低保金 350 元。

保险 20 世纪 80 年代始在新城境域内开展社会保险业务，参保人员逐年增多。至 2018 年年末，全村有 407 人参加财产、人寿等保险，16 岁以上的村民全部参加社会养老保险。

民居院落（2017 年）

和谐新城人（2014 年）

土司传承

新城历史悠久，石砫在这里得名，马氏家族在这里繁衍。

南宋建炎三年（1129），石砫安抚司在这里建立，近临长江，远控武陵。明洪武八年（1375）升为宣抚司，洪武十四年实施土司制度，军政合一。新城境域是石砫土司的发祥地，也是石砫土司辖地，在长达三百余年的土司制度下，新城境域形成和积淀了丰厚的土家文化。明末，石砫土司进入鼎盛时期。清乾隆二十六年（1761）改土归流，石砫土司制度结束。

◉ 土司受封

“石砫”得名 石砫的得名是在南宋建炎三年（1129），在南宾县水车坝设立石砫安抚司，“石砫”之名始见于史。《明史》记载：“石砫，以石潼关、砫蒲关而名。”清乾隆《蜀水经》记，石砫安抚司以“其地有石潼、砫蒲二关也”。清嘉庆《四川通志·关隘》记：“石潼关在厅西北六十里石凉伞山，旧置关，今废。”《大清一统志》记：“石砫以石潼关、砫蒲关而名。”清宣统元年（1909）《石砫厅乡土志》记：“今厅治西南四十里石凉伞山下有石潼关，砫蒲（关）无考。”南宋置石砫安抚司，节制九溪十八峒，不是只管南宾一县，也不是一地之土司，而是以两关之名，示其所辖区域，而名石砫。水车坝是驻军司城，常有驻军及家属2000余人。

明洪武八年（1375）石砫安抚司升为宣抚司，后于洪武十四年迁到现在的南宾镇狮子坝，实施土司制度，宣抚司成为真正统辖三里十甲的土司政权。

石砫安抚司 南宋建炎三年（1129）马定虎奉诏入川，征服当地土著后捷报朝廷，受封为石砫安抚使，在南宾县水车坝建立石砫安抚司，节制九溪十八峒。明洪武七年

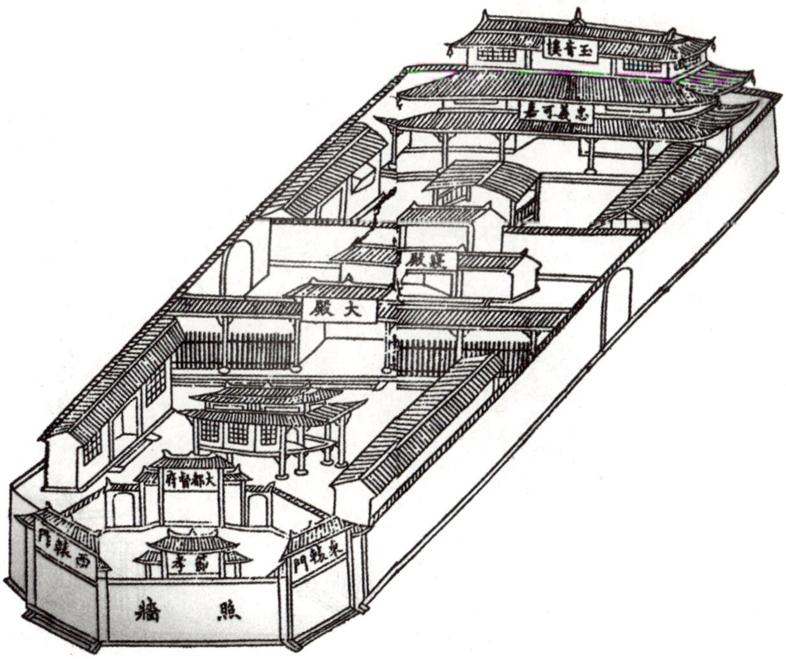

明代秦良玉太保祠图

（1374），马克用遣子马付德入朝贡方物。洪武八年正月，朝廷授马克用石砫宣抚使，世袭其职，职责不变。同年，马克用奉调征九溪十八峒，苗兵联结散毛峒，乘石砫宣抚司兵马离境，突袭南宾，马克用闻警回师，苗兵撤走，马克用将宣抚司署由水车坝逐步迁入南宾县城狮子坝（今石柱县城南宾街道）。

石砫宣抚司 明洪武十四年（1381），南宾县撤销，部分县地划归南宾里，隶属丰都，其余县地划归石砫宣抚司。石砫宣抚司作为统理地方的政权机构在狮子坝设署执政，管辖3里（洞源里、溪源里、石渠里）10甲，悦来为溪源里5甲。石砫宣抚司署从新城村域迁走后，其司署旧址逐步被人们称为“古城坝”或“旧城坝”。

明宣德六年（1431），马应乾受父马良之命，屯兵悦来及古城坝守祖业。

石凿古道（2014年）

明嘉靖四十二年（1563），石砫宣抚司由重庆卫改隶夔州府。天启元年（1621），石砫女宣抚使秦良玉勤王平乱有功，皇帝褒奖，其子马祥麟由宣抚使升为宣慰使。

清顺治十六年（1659），石砫宣慰使马万年归附清朝，仍授石砫宣慰使，隶川东道夔州府。清乾隆二十二年（1757）护土司事马光仁因事获罪，石砫宣慰司由夔州军民府同知移驻石砫兼管，置石砫厅，待原石砫宣慰使马孔昭之子马俊明承袭宣慰使之职。马俊明3岁病夭，承袭无望，于清乾隆二十六年，改土司世袭制为流官制（改土归流），撤销石砫宣慰司，设石砫直隶厅（直隶四川省），收缴土司印信，改授土通判。

土司承袭

寿印（2014年）

明洪武十四年（1381），石砫宣抚司实施土司制度，至泰昌元年（1620），石砫宣抚使传13代。天启元年（1621），石砫宣抚司升为石砫宣慰司，至清乾隆二十六年（1761）改土归流，石砫宣慰使传6代。石砫土司承袭三百余年。

宣抚使承袭 明洪武八年（1375），明廷授马克用石砫宣抚使，洪武十四年石砫宣抚司军政合一，实施土司制度；永乐年间（1403—1424），马克用长子马良袭职；宣德初年，马良长子马应仁袭职；宣德五年（1430），马应仁革职，长子马镇袭职；正统初年，马镇长子马黼袭职；景泰年间（1450—1456），马黼次子马澄袭职（长子马清病不能袭）；成化十八年（1482），马澄长子马徽袭职，历任50余年；嘉靖年间（1522—1566），马徽长孙马龙袭职（马徽长子已故）；万历初年，马龙长子马素袭职；万历十六年（1588），马素长子马斗斛袭职；万历二十二年，马斗斛革职入狱（长子马千乘同入狱），妻覃氏袭职；万历二十三年，马千乘出狱袭职；万历四十一年，马千乘瘐死云阳狱，子马祥麟尚幼，妻秦良玉袭职。

宣慰使承袭 明天启元年（1621），马祥麟袭任宣慰使；崇祯十五年（1642），马祥麟长子马万年袭职；清康熙年间（1662—1722），马万年长子马洪裔袭职；雍正初年，马洪裔长子马宗大袭职；雍正末年，马宗大长子马光裕袭职，不足三年卒；乾隆初年，马光裕长子马孔昭袭职。乾隆十七年（1752），马孔昭革职，尚无子，由马光裕之弟马光仁护土司事，候马孔昭生子承袭。乾隆十八年，由云安厂夔州军民府同知移驻代管。乾隆二十一年，马孔昭生子马俊明，报部俟长承袭。乾隆二十二年，马光仁革职，由移驻代管改置石砫厅，收缴宣慰使印信，开始改土归流；乾隆二十五年，马俊明殇，承袭无望。乾隆二十六年，石砫厅升直隶，明令"宣慰使改授土通判，不许干预民事"，马光仁之子马图昭任土通判，改土归流结束。

附 1：石砫安抚司承袭

自马定虎授石砫安抚使，至马克用授石砫宣抚使，传 16 代。马定虎传子马仁，马仁传子马崇，马崇传子马龙，马龙传子马虎，马虎传子马凤，马凤传子马什用，马什用传子马昌，马昌传子马平，马平传子马文，马文传子马武，马武传子马陛，马陛传子马合，马合传子马思牧，马思牧传子马理处，马理处传子马克用。明洪武八年（1375），朝廷改授马克用宣抚使。

附 2：石砫土通判承袭

自马图昭授石砫土通判，至 1949 年自然终止，传 6 代。清乾隆二十六年（1761），朝廷授马图昭（马光仁子）土通判；乾隆四十七年马图昭革职，乾隆四十八年，由马宗大弟马宗夫之孙马佑昭袭职；咸丰二年（1852）马佑昭长子马驾袭职；光绪十八年（1892），马驾长子马保诚袭职；光绪三十四年保诚卒，子幼，妻杨舜贞袭职；1915 年国民政府颁发号纸铃记；1946 年，马保诚长子马正俠袭职，杨舜贞监护，徒具虚名，1949 年自然停袭。

◉ 鼎盛时期

石砫土司自明洪武十四年（1381）至清乾隆二十六年（1761），历经 19 位土司，其鼎盛时期在明万历二十七年（1599）至南明永历二年（1648），其鼎盛原因是巾帼英雄秦良玉训练出远近所惮的白杆兵，南征北战，屡立战功。秦良玉是史上唯一载入正史将相列传的女将军，也是一位以战功封侯的女将军。

秦良玉雕塑

整饬土政 秦良玉，字贞素，生于明朝万历二年（1574）正月初二，四川忠州（今重庆忠县）人。自幼随父、兄修文习武，究心韬略，通经史，工词翰，文武双全。其父面对明王朝日渐腐朽没落，朝纲不振，宦官弄权，大厦将倾，民不聊生，预感大乱将至，曾对其子女说："天下将有事矣，尔曹能执干戈以卫社稷者，方称吾子也。"在父亲"执干戈以卫社稷"思想的熏陶下，秦良玉树立了"忠君护国、保境安民"的志向。其父曾对秦良玉说："惜不冠耳，汝兄弟皆不及也。"秦良玉答道："使儿掌兵柄，夫人城、娘子军不足道也。"明万历二十三年，秦良玉嫁石砫宣抚使马千乘为妻，时年二十一岁。秦良玉助其夫整饬土政，训练土兵。明万历四十一年八月，马千乘因开矿事得罪太监邱乘云，瘐死云阳狱中。按土司"父死子袭，子幼妻袭"之制，秦良玉袭任石砫宣抚使，兢兢业业地管理石砫之地，发展农业、手工业、商贸业，促进少数民族地区经济发展。据清宣统元年（1909）《石砫厅乡土志》载："秦良玉致力于保境安民，不论泉石逸士，舆台走卒，有一策可师、片言足采者，均虚衷翕受，拱听明诲，乐与周旋，崇以礼貌。更注重生产，屯垦贮粮，修筑万寿寨备战。并修筑司治南宾城河堤，使民安居乐业。"

壮大土兵 秦良玉嫁马千乘后，助其夫训练土兵，仅3年时间，即训练出"戎伍肃然，为远近所惮"的"白杆兵"。石砫土兵使用一种经秦良玉改良的"矛端有钩，矛尾有环"的特制长矛，以白色实杂木为矛杆，故称白杆兵。白杆长矛在战斗中可刺可钩，攀爬峭壁时，可以后矛前端之钩，挂前矛尾端之环，攀缘而上，实施奇袭。秦良玉将白杆兵由1万人扩充至3万人，分编成火器营、哨探营、僧兵营、白杆营（男兵营）、绣铠营（女兵营）。湘鄂川黔诸土司中，原先以永顺、保靖、容美等土司兵力最为雄厚，颇受朝廷倚重。但自秦良玉任土司后，石砫土司逐渐发展壮大，最为朝廷倚重，鄂西、川东一带的土司皆对秦良玉崇敬有加。在今张家界土司陈列馆里的十位著名的土司首领塑像中，秦良玉赫然在列。

南征北战 石砫土司秦良玉曾3次西南平乱、3次北上勤王，战功显赫。明万历二十八年（1600），在平定播州（今遵义）土司杨应龙之乱后，石砫土司获战功第一表彰，川督李化龙授秦良玉“女中丈夫”银牌以示旌表。明泰昌元年（1620），秦良玉奉诏援辽，遣兄秦邦屏、弟秦民屏率5000白杆兵先行，她与儿子马祥麟筹马集粮，后发作援。明天启元年（1621）在浑河（今沈阳城外）血战中，重创努尔哈赤3个精锐标兵营，秦邦屏及两千多名白杆兵战死，秦民屏率残部突围而出。兵部尚书张鹤鸣奏称：“浑河血战，首功数千，实石砫、酉阳二土司功”，朝令授秦良玉三品官服，授秦邦屏都司佥事、秦民屏守备职。秦良玉自统3000精兵兼程北上，北上途中得知兄长秦邦屏牺牲的消息后，在行军途中遥奠致哀。白杆兵抵达榆关（今山海关）后，与正在攻关的清兵血战，击退清兵后奉诏守关，诏加秦良玉二品官服。兵部尚书张鹤鸣言：“秦良玉身督精兵三千抵榆关，上急公家难，下复私门仇，气甚壮。宜录邦屏子，进民屏官。”乃赠秦邦屏都督佥事，锡世荫，秦民屏进都司佥事，赐秦良玉“忠义可嘉”匾。明天启二年，秦良玉在平定四川永宁（今叙永县）土司奢崇明之乱后，钦封秦良玉一品诰命夫人，授都督佥事，充任总兵官。明天启六年，在平定贵州水西（今大方县）土司安邦彦之乱后，黔督朱燮元报功称：“定水西安邦彦之乱，论土司功，良玉第一。”崇祯二年（1629），清兵从喜峰口侵入，兵临京畿。崇祯帝号令各省督兵勤王。秦良玉变卖家产充军饷，自备军粮日夜兼程北上。崇祯三年，白杆兵入城时，北京军民夹道欢迎。秦良玉配合官兵收复永平、迁安等四城。崇祯帝十分感慨，在平台召见秦良玉，赐御诗4首旌表其功，晋升为都督同知，挂镇东将军印。

秦良玉头盔

秦良玉铠甲

保境安民 自崇祯四年（1631）起，秦良玉曾5次率兵赴夔、巫地区与张献忠部、罗汝才部交战。前3次交战皆获胜，张献忠、罗汝才等部退出川外。后2次皆败，“所部

秦良玉太保祠牌楼（1958 年）

三万人殆尽”，石砫土司的军事实力衰退。秦良玉退守石砫，发布“固守石砫檄文”，号令军民分守四境。张献忠占据四川后，“遍招川中土司归附，唯不敢到石砫”。邻近的忠、丰、涪、万等州县的难民涌入石砫达十万之众，秦良玉号令军民妥善安置，其功德无量。南明隆武二年（1646），隆武帝遣使封秦良玉太子太保、忠贞侯，赐“太子太保总镇关防”印，联络秦良玉扶明抗清。秦良玉毅然接受封号，准备前往福建护驾抗清，因隆武帝被郑芝龙杀，遂未成行。南明永历二年（1648），永历帝遣使往石砫加秦良玉太子太傅，任四川招讨使，仍以镇东将军。秦良玉泣曰：“老妇朽骨余生，先皇帝恩赐，其敢不负弩前驱，以报万一。”数日后，秦良玉逝世，石砫土司的军事实力进一步衰退。

出山通江土司古驿道（2014年）

文物古迹

新城村地域内文物古迹有20多处，其中古城坝有土司遗址、马氏宗祠、古石桥、古墓葬等，新场等地有老街、碉楼等。

2019年2月27日，重庆市人民政府公布“古城坝土司遗址和悦崃碉楼建筑群”为市级文物保护单位。

◉ 土司遗址

古城遗址 石砫安抚司在古城坝设治所长达二百余年，石砫宣抚司在古城坝设治所6年，明洪武十四年（1381）后废弃。1984年，石柱县人民政府公布古城坝土司遗址为县级文物保护单位。2016年2—7月，重庆市文化遗产研究院对古城遗址进行发掘，对宣抚司署遗址、摆手堂建筑、遗址的内外交通体系、马氏宗祠（石刻马氏源流碑记、血战浑河石浮雕图）、下店子桥、粮仓、兵营、古墓葬、古民居、练兵场、兵营、粮仓等20多处文物进行GPS定位，考古调查面积达2平方千米、考古发掘面积870平方米，新发现土司古道路、土司寝殿建筑基础等文物遗址，基本摸清古城坝昔日石砫土司遗址功能分区和城镇规模。

考古工作以勘探和试掘为主，辅以搜集口述史料。考古队应用航测、全站仪测绘、

明代土司衙门遗址（2017年）

考古测量仪测绘、全景拍摄等科技手段，获得科学、准确的遗存信息：一是厘清了遗址的总体布局与功能分区。公共建筑区主要集中在古城东北部较高的平地上，该区域分布有衙署、粮仓、兵营以及祠堂遗址等；在现存的马氏宗祠西侧，发现大型建筑遗迹，规格高、规模大；普通居民区则比较分散，分布于古城坝周边较狭长的区域，大多与古城坝隔河相望，如众星拱月般分布在古城坝四周。二是明确了遗址的内外交通体系。各分区之间通过两条主要道路进行联系，北部道路为东北—西南走向，沿着悦来河向西南，在旗竖塝跨河转西北方向进入青龙嘴，从该处通往鱼池、西沱等地；南部道路依靠地势，东北方向通往黄水、湖北等地，西南方向通往石柱县城；衙署区前方的一条较短的支路则将这两条主要道路连接起来，共同构成了古城坝的主要交通网。三是新发现一批高等级建筑遗存。通过重点勘探工作，在祠堂遗址以西新发现一批重要的建筑遗存，试掘揭露出大型建筑基址一座，根据现存基址的走向和分布可判断建筑背靠山坡，朝向为北方稍偏西。东侧为祠堂遗址，结合出土器物和《马氏源流碑记》上的记载，推测可能是石砫土司马良之子马应武于明宣德六年（1431）始建的伏波祠。在马氏宗祠遗址的西边约 30 米处发掘出一大型建筑遗址，残存面积约 540 平方米，仅存排水沟和个别柱洞，疑是摆手堂。遗址东面 200 米处，今名“仓楼巷”，应是土司的粮仓之地；遗址东面 300 米处，今名“大楼巷”，应是土司军营之地；遗址的西南方向 500 米处，今名“旗竖榜”，应是土司插旗练兵之地。古城坝现存的民居，有一部分的布局是中间为通道，两边建房，像街道，有别于别处的院落（别处的院落多在中心设坝，坝周建房）。应是土司署搬走后，大规模建筑经数百年风雨侵蚀垮塌，遗留下来的部分残存建筑。

在古城遗址深度调查时，从地下掘出 3 口雕花石水缸。相关专家从雕花图案的背景上，确定 3 口雕花石水缸为 800 多年前的盛水器皿。

古城遗址三面环悦来河，分布面积约为 2 平方千米，现多为农田、居民点覆盖。遗址上有马氏宗祠石刻、古墓群、古道路桥梁、古民居，以及古瓦砾、陶片、柱础和其他建筑构件等遗迹遗物。该遗址的发掘为研究石柱地方史及宋至清西南少数民族政治军事制度提供了实物资料，具有重要的历史文化价值。

马氏宗祠 在新城村古城组，坐落在古城坝东面山坡脚。道前台间，翠柳古柏掩映。两棵桂花树，每年金秋时节，花香四溢。四棵高大的柏树有数百年历史，它们默默屹立在宗祠前，见证古城坝的兴衰。

马氏宗祠是马应乾在明宣德六年（1431）修建的伏波祠，清乾隆五十三年（1788），马氏族人将该祠改建成马氏宗祠。宗祠是五正（五间正屋）三横（三间横屋）的四合院，砖木结构，柱、梁粗大，雕花门窗。

石立大门两边的石柱上，镌刻“世系传之汉朝将军门第，苗裔遗于石砫巨族之家”，门楣上浮雕“血战浑河图”，门槛下还有一太极阴阳鱼图。

进入大门是天井，以石板铺面。过天井便步入供堂，原先内有古戏楼，常有戏班来此演唱戏曲。民国时期，祠堂正殿供奉马姓族人的先祖牌位，每年春、秋二季举行祭祀，汇集马姓宗族人朝拜列祖列宗。有时也在此解决族人中的各种纠纷。

马氏宗祠（2014 年）

马氏祠堂（2017年）

◉ 民居古桥

民居

下店子民居 建筑年代为民国时期，坐落于古城坝台地上，四周较为平坦，前接青龙山，后临悦来河，河斜对面为腰台（院子），左挨陈家坝，右临古城坝。为穿斗式梁架，悬山式屋顶、格子窗、雕花石柱础与托峰，一楼一底，建筑面阔 5 间 24.25 米，进深两间 12.9 米，总占地面积 312.83 平方米，建筑面积 625.66 平方米。其中柱础有斗形、鼓形，托峰为荷叶式上雕有凤凰、象形寿字及花草纹等，檐板上的彩绘可见。其位于石柱县内城北古道上，为行人过客歇息食宿点，后面为竹林，白鹤栖息于此，人与自然和谐共存。该建筑为当地典型民居风格，具有一定历史文化价值。

冉氏作坊民居 位于新城村金台组，为清代作坊主冉姓人家修建。坐东向西，三合院布局，建筑占地面积 1424.16 平方米，建筑面积 2465.12 平方米。正房为悬山式屋顶，穿斗式梁架，一楼一底，窗雕有花草、动物，大门上方有门楣。其左次间有一内天井，正房面阔 8 间 39.4 米，进深 3 间 13.4 米。左右厢房对称，悬山式屋顶，穿斗式梁架，夹壁墙，面阔 4 间 19 米，进深两间 7.8 米。土家建筑特点突出，具有一定历史文化价值。

下店子民居（2018 年）

谭七老爷宅子（2019 年）

谭氏老爷大宅 新场有座宅院叫谭氏老爷大宅，为清代士绅谭和润修建。该建筑为全木结构，造型简洁大气，枫香树的大圆柱子，枣红的木板墙。是谭家后人保存最完整的一处宅院。

古桥

下店子桥 也叫古城坝南桥、前桥、下店子龙桥、青龙桥，位于古城坝南入口处，横跨悦来河，建筑时间为明末。石平桥，南北走向，四墩五孔，全长 39.16 米，通宽

下店子桥（2018 年）

穿心店平桥（2016 年）

2.17 米，高 6.18 米，桥身长 31.5 米，总占地面积 84.98 平方米。桥面由 3 条大石并排平铺，15 条石纵列而成，石栏杆上饰石球、石狮、石象，桥墩成楔形，上端雕有伸出的龙头。桥两端各有石梯平台上下。整座平桥，风格简朴，雕刻简单。1982 年，洪水冲毁部分栏杆及桥面条石，2016 年修复，至 2018 年仍保存完好。

穿心店平桥　又叫古城北桥、后桥，位于新城村古城组，横跨悦来河，建筑时间不详，至迟在清雍正年间（1723—1735），是巴盐古道上的石桥。平桥南北走向，桥高 4 米，桥通长 22 米，桥面宽 1.18 米。桥南头有 8 步石梯，桥北有 14 步石梯。该桥造型简单，至今仍在使用，为研究石柱交通史提供了实物资料，具有一定的历史价值。

◉ 崖棺古墓

崖棺　大古堡崖棺群，宋代崖棺墓葬，在悦崃镇新城村青龙组大古堡石崖壁上，分

崖棺（2017 年）

布在长 8 米、高 10 米东西走向的山崖上，墓穴坐东北向西南，共 3 穴，均为长方形横穴式，墓室长 2 米，高 0.7 米，深 0.8 米，从上往下离地面高分别为 6.3 米、4.3 米。该崖棺群前临农耕地及古城河，后靠农耕地。与龙河崖棺群一体，是市级文物保护单位。2017 年，修筑悦黄二级路时在岩上开挖泥石被掩埋。

古墓

大楼巷后院子冉马氏墓 修造于清嘉庆二十二年（1817），位于悦崃镇新城村古城组大楼巷后园子，墓长 4.3 米，宽 2.94 米，高 3.7 米，面积 12.64 平方米。石砌长圆形封土，前接石质重檐仿木结构牌楼，两侧附八字墙，两柱一开间。墓柱刻“巍峨四面山秀，□□千年秀钟灵”，墓碑刻“显妣冉母马老孺人墓”，落款“嘉庆二十二年岁在丁丑……”。墓前碑栏刻镂空寿字及双龙图案，八字墙刻花草纹饰。龙枋刻“预修寿藏”，第一檐上匾额刻“百世流芳”，两侧立柱刻“佑我后代”“瓜瓞荣昌”。墓檐上翘，上刻缠枝花纹，墓冠为弧形镂空，弧形中有宝瓶牡丹图案，两侧刻鱼尾纹。墓葬整体结构完整，碑刻字迹模糊不可辨认，封土上长有一棵麻柳树及竹林。该墓为研究当地丧葬民俗文化提供了实物资料。

马洪猷墓 清代墓葬，位于新城村古城组大楼巷院子后，四周为竹林。墓长 3.17 米，宽 2.5 米，高 2.72 米，面积 7.93 平方米。墓柱刻“修塜墓房房甲第，砌坟茔代代登科”，墓碑刻“清故显考马洪猷号伟功老大人墓 道光九年仲春月二十六期立”，第一檐上匾额题“巳山亥向”，两侧刻“祖德”“流芳”。墓冠联弧形卷草纹。该墓为当地典型墓葬，为研究当地丧葬民俗文化提供了实物资料。

马宗炳墓 清代墓葬。位于古城遗址的平坝上，四周为耕地，墓坐东向西，石砌长方形封土，前接石质三重檐仿木结构牌楼，两侧附八字墙。墓长 4.35 米，宽 3.4 米，高 2.46 米，面积 14.79 平方米。墓柱刻“左青右白眙脉见，前带后峰龙穴真”，墓碑刻“清故显考翁讳宗炳号阶衡□□□之墓皇清乾隆五十三年……”，两侧八字墙刻四瓣花纹及卷草纹，匾额刻“甲山庚向”，墓冠已毁。

谭永顺合葬墓 谭永顺于清光绪年间（1875—1908）官至南京巡按，其妻马氏被诰封为宜人。谭永顺合葬墓在新城村星光组新场街上，造型为“大圆拱”式，石砌长方形封土墓。前接石质仿木结构牌楼，三柱两开间，两侧附八字墙，墓长 7.89 米，宽 6.74 米，高 4.3 米，占地面积 53.18 平方米，边柱刻“刚柔有体垂千古，富贵无疆永万年”，中柱刻墓志铭，左墓碑刻“皇清上寿例赠五品衔谭公讳永顺老大人墓”（碑被拆，倒放于墓前），右墓碑刻“皇清上寿待赠宜人故显妣谭母皈依法名鉴马老太君正性墓 光绪十一年岁次乙酉仲夏月下翰吉立”，墓龙枋刻“二龙戏珠”及万字格，墓上匾额刻“阴阳合德”，匾额周边刻万字格，匾上侧刻展翅的鸟，两侧刻宝瓶牡丹，两侧八字墙刻象形福寿字样、仙桃、蝙蝠、菊花纹和卷草纹等，圆拱形墓冠上刻象形福寿字、万字格、如意纹，该墓雕刻工艺精美，为研究当时丧葬民俗文化提供实物资料。

梁道有合葬墓 清嘉庆十五年（1810）修造，梁道有夫妇墓位于新城村星光组的缓坡上，墓前有棕树，后及左右为森林，墓葬前后不远处有民居。该墓为四柱三开间，两侧附八字墙，墓长 5.15 米，宽 3.83 米，高 2.25 米，面积 19.72 平方米。立柱刻“山明水秀生贵子，龙吟虎啸凤点头”“白修佳城永千秋佑，富贵荣华永千□佳”楹联。明间碑刻“故显考梁翁道有号吕文二位正性之墓”，落款“嘉庆拾伍年大吕月中浣之吉立”，左右次间碑刻墓志铭，两侧八字墙刻花草纹，龙枋上刻“万古佳城”，匾额刻“世代流芳”，墓冠已无，该墓为研究当地丧葬民俗文化提供了实物资料。

园子堡余何氏墓 清道光八年（1828）修造，位于新城村金台组作坊园子堡。该墓坐东向西，前接石质单檐仿木结构牌楼，两侧八字墙，两柱一开间，墓长 4.4 米，宽

3.15 米，通高 2.35 米，面积 13.86 平方米。墓柱刻“牛眠卯山发富贵，马封酉向阴子孙”，墓碑刻“显妣余母何老孺人正性之墓”，落款“龙飞道光八年应钟月……”，八字墙刻卷草纹，其中抱鼓内刻“野鹿含草”“喜鹊登梅”纹饰，龙坊刻“万古佳城”，两侧刻花草、鸟纹，上墓檐檐角上翘无纹饰，墓冠已无。此墓雕刻简单，但具有一定的历史研究价值，为研究当地丧葬民俗文化提供了实物资料。

余横台余汪氏墓　清同治二年（1863）修造，古墓葬，在新城村星光组余横台。该墓坐北向南，墓葬石砌长方形封土，前接石质重檐仿木结构牌楼，两侧附八字墙，两柱一开间，墓长 4.25 米，宽 3 米，高 3.65 米，面积 12.75 平方米。墓柱刻“千里来龙□此穴，万派发脉归墓中”，墓碑刻“清故上寿显妣余母汪老安人正性之墓 清同治二年”，八字墙刻卷草纹、动物纹等，龙枋刻人物、亭台、花草、鸟类山水人物图案，第二檐下匾额题“癸山丁向”“长发”“其祥”；弧形镂空墓冠，中间宝瓶牡丹，两侧卷草纹。该墓雕刻工艺较好，为研究当地丧葬民俗文化提供了实物资料。

谭永芳墓　清光绪五年（1879）修造，位于新城村星光组石猪槽新场街上。墓坐东向西，为石砌长方形封土，前接石质三重檐仿木结构牌楼，三柱两开间，两侧八字墙，外有围墙，墓长 4.65 米，宽 4.3 米，高 4.55 米。围墙长 8.19 米，宽 7.55 米。占地面积 61.83 平方米。立柱刻“毓秀山峨□有象，钟灵地渺□无馨”“正穴常落狙豆馨，真龙自有期□”对联，明间墓碑刻“皇清例赠故显考谭公永芳茂林老大人墓 皇清光绪五年岁次己卯仲夏月吉旦”，左右次间碑刻墓志铭，墓龙枋刻人物故事图，第三檐下匾额刻“窀穸宫”，四周刻花纹、狮子、万字格，墓冠呈连弧镂空形，刻寿字及鱼尾纹。墓前围墙正中为重檐仿木结构牌坊，匾额刻“长发其祥”“钟灵毓秀”。该墓为当地典型墓葬，为研究当时丧葬民俗文化提供实物资料。

麦地湾谭郭氏墓　清光绪十四年（1888）修造，位于新城村星光组麦地湾。该墓坐东北向西南，石砌长方形封土，前接石质三重檐仿木结构牌楼，三柱两开间，两侧八字墙。墓长 4.15 米，宽 3.85 米，高 4.4 米，面积 15.98 平方米。中柱刻“清故显妣谭母郭老孺人正性受祀清光绪十四年岁次……”，边柱刻“卜牛眠吉地，堆砌马鬣高”，左右碑刻墓志铭，八字墙刻花草及“寿”“福”字样。龙枋刻人物图案，檐角上翘，第二檐下匾额刻“佳城永固”，两侧刻“丑山”“未向”，第三檐下匾额刻“永为窀穸”，墓冠为连弧形。其为典型墓葬，为研究当地丧葬民俗文化提供了实物资料。

柿子湾冉谭氏墓　清光绪二十五年（1899）建造，位于新城村金台组柿子湾。该墓坐东南向西北，石砌长方形封土，前接石质三重檐仿木结构牌楼，两柱一开间，两侧附八字墙，墓长 6.2 米，宽 4.65 米，高 4.93 米，占地面积 28.83 平方米。边柱刻“山环水绕千秋盛，子肖孙贤万代兴”楹联，墓碑刻“清修寿藏永寿显妣冉母谭□□□ 清光绪二十五年岁次己亥季月冬上浣”。碑前碑栏刻“福寿”字样及古钱纹，两侧八字墙犀牛望月、凤穿牡丹及卷草纹，龙枋刻戏剧人物图三组、动物图案，第二、三檐下匾额刻“清节宫”，两侧缠枝花卉及人物图案，第二檐下刻“山明”“水秀”及万字格、缠枝花卉、宝瓶牡丹图案，檐角刻瑞兽，墓冠呈连弧镂空形刻卷草纹。该墓属当地典型墓葬，为研究当时丧葬民俗文化提供实物资料。

◉ 新场老街

新场，在新城村星光组，距离悦峡镇 8 千米，新修二级公路可到，是巴盐古道上的永睦乡（后长岭乡）古乡场。

街道 新场街道依山而建，南北走向，垂直分布于山坡上，全长约 100 米，宽约 3.3 米，共 9 个平台 164 级阶梯，街道面积约 350 平方米，全用青条石板铺成，随山势蜿蜒曲折，层层递升，一直到街顶，像一层层登天的云梯，一坡一个台阶。南来的人们要拾级而上，故名“小云梯街”。

新场街口吊脚楼（2017 年）

房屋 街道两侧为土家特色民居建筑，排列层层叠叠高低错落的青瓦房、悬空飞翘的吊脚楼，穿斗式梁架，悬山式屋顶，吊脚木栏杆。街两旁有用作经商的木柜台，板壁上有用以采光透风的精美雕花木格窗，透出浓郁的土家民族风格，给人以独特的美感。街房总占地面积 2000 平方米，共有 40 余间。另外建有 3 座古寺庙，2 座古戏楼，1 座古碉楼。新场老街是当地官绅谭永顺从南京巡按任上，告老还乡后倡导兴建，并由其子谭定灼继续力主修建完成的。房屋属土家族地区古场镇建筑群，对研究石柱历史、巴盐古道等具有重要价值。

兴衰 据《石柱县志》记载："新场，清光绪十三年建场，民国三十六年后衰废。"新场老街，自建成开市，曾繁荣兴旺。谭定灼招商有方，请来川戏班子连唱数月，邻近四方八面乡民看戏如潮。远方客商慕名而来，带来各地特产摆摊销售。面铺门店百货齐全，坐地为贾，方便人们购买。烟馆茶馆、食店药店样样齐全，迎来送往。庙宇里香客烧香拜佛络绎不绝。万天宫有尼姑 2 人，莲福住持掌管修道。还有川主木头神像，是谭定灼从黄水请来未还，每年农历六月二十四日，举办川主会，做法事，献三牲敬奉川主，祈求风调雨顺，三晴两雨，保一方平安。"永睦乡模范小学堂"牌匾高挂，辛亥革命后学堂改学校，曾有中学班，与长杠岭保国民学校一至四年级学生，书声琅琅。1937 年后战事频仍，国运不济，人来客往稀少，新场逐渐冷落衰废。1953 年，大乡改小乡，新场为长岭乡驻地，有过几年中兴。1958 年后为村组所在地。现在新场不新，也是 130

新场老街（2019 年）

多年的老街，其旅游价值正待开发。

碉楼　峒寨

碉楼（俗称箭楼）以其坚固的构造，巧妙的设计，精美的雕刻，多用的功能，成为土家山寨的奇特建筑，主要用作防贼御敌，保护生命财产安全。

长岭碉楼　位于新场老街后西北约150米的长岭山坡上，三面陡峻，一面临街。民国时期陈善斋修建，历时两年半，耗银圆3600元。由石碉楼、木房和两石坝组成，外有围墙围成单独的院落，总占地面积1314.72平方米，建筑面积342.88平方米。碉楼面阔三间11.12米，进深二间7.54米，残高21.62米，由46层条石砌成，条石厚47厘米。现仅存石框架，其楼板与屋面已无。五楼一底，铁皮包门。顶部有瞭望台角堡，墙体上有射击孔，瞭望台下有石狮作装饰撑拱。大门刻对联“溪水似桃源福地 岭楼如乐一洞天”，横批“永庆安全”。碉楼前的土家木房面阔三间共15.98米，进深二间6.48米，为

长岭碉楼（2014年）

土家吊脚楼样式，穿斗式梁架，悬山式屋顶，格子窗，一楼一底。院落内有两块石坝，围墙用土砖砌成，通高 2.5 米，上彩绘花草纹，围墙石门刻“三径月照花作壁，四山云合树为屏”。院落前有一宽 2.5 米的 70 级石阶梯，阶梯前接一古井。2010 年 12 月 30 日，被县政府公布为县级文物保护单位。

作坊碉楼 位于新城村金台组作坊山坡的台地上，坐北朝南，前临树林，后靠荒地山林，左右侧为陡坡，作坊主冉启木于 1931 年建造。石木结构，悬山式屋顶。面阔三间 11.8 米，进深二间 7.1 米，占地面积 107.38 平方米，建筑面积 526.28 平方米。碉楼通高 16 米，五楼一底，用 30×50 厘米的条石砌成。铁皮包门，门楣上刻有“娱萱别墅”，门柱上刻有“飞阁重楼金汤永固，崇山峻岭盘石久安”，并留款“伯凯先生新建碉楼记盛□，民国辛未季书，陈长卿□题”，部分文字字迹模糊。碉楼上设有小窗户和多方向射孔，楼顶前端左右各有一碉堡望台，屋顶有石栏杆仿城墩。碉楼内有木柱 18 根（2014 年被拆），直径 50 厘米以上。有地下引水道 200 米。碉楼集防御、居住、储藏等功能于一体，具有重要的历史、艺术、科学价值。

作坊碉楼（2014 年）

作坊碉楼内木列子（2014 年）

潘家坝碉楼 民国初年建造，位于新城村潘家坝。结构样式与一般碉楼相似，在此不再赘述。

峒寨 新城境域有大寨子、小寨子等数个峒寨，多设在上平下险的山堡上，四周悬崖峭壁，再用条石垒砌成寨墙、寨门，仅留一条小道供出入，有一夫当关万夫莫开之险要。峒寨平时练武操兵，一遇险情全族老幼及邻近乡亲齐上寨中，坚守不出，以求自保。

石砫宣抚使司管辖境内三里十甲时，境内共十三大族，方斗山外有陈、汪、高、崔、罗、向六大族，山内有谭、刘、秦、何、冉、江、白七族。土司各大族例无城郭，只有峒寨，令十三族各立寨栅，训练兵丁，无事尽力农耕，有警闻号齐集，各寨并起，悉听指挥。

◉ 古石雕群

龟蛇锁街 在新场下场口南边约 200 米的小河两岸，有大石似龟、蛇，古人略作凿刻、修饰，更具龟、蛇对峙的形貌。因龟蛇石雕紧邻新场老街的下场口，故被称为“龟蛇锁街”。

石龟以南约 50 米处，有一大石狮头在张口咆哮，古人在大石上垒砌石块，多年后积尘生长茅草，像狮头蓬松的毛鬃。在石狮的河对岸崖壁上有巨石上平下圆，横插入山体，形似船头，当地人称之为石船。

新场石龟

新场石蛇（蛇头）

新场石狮

新场石僧（右侧）

石猴戏僧 在新场下场口南边约500米处，有一银灰色石壁，壁顶外倾如盖，遮住雨雪，岩壁矿物质析出后氧化成银白色和土红色，大片的银白色图形似猴身，两团小的土红色缀成猴眼，恰似火眼金睛的孙猴子。崖边及下方有两块大石，极似秃头僧侣，从而组成石猴戏僧的景观。

传说，山这边住着两个和尚和一只充满灵性的猴，一直没有下过山，山下路边有一只“卧路神狮”，还有一只乌龟隔河与对面的大蛇面面相觑，相见不相玩。诸神节到，对面山寨派出渡船来接和尚、灵猴、狮子、乌龟去过节，增进交往，加深情谊，并借神镇寨，以保平安。当船开到河对岸刚露出船头时，金鸡三鸣，拂晓时到，一道亮光闪过船头，船、蛇、龟、猴、狮子、和尚都凝固不能动，变成了石头，成了现在的景观，被称为“天灵群石”。

牌坊　石碑

贞节牌坊 在新城村新场下场口20米处，曾有一座非常气派三重檐的双节牌坊，为清光绪帝御批，为谭家冉氏、马氏两妯娌建造的。石牌坊坚固雄伟，上面雕刻的人物、飞禽走兽、花鸟草虫栩栩如生，生动形象，引人入胜。

清光绪二十年（1894），谭定灼的两个哥哥相继去世，嫂子冉氏和马氏青春寡居，恪守妇道，孝敬老人，用心培育后代。石砫县衙将两妯娌事迹呈报州府，后层层上报直达朝廷，光绪帝朱笔御批，准予为俩妯娌建立贞节牌坊。

相传圣旨达后，谭家派最好的石工匠到梁山（今梁平县）、王场，甚至远赴浙江、成都学习考察，参考贞节牌坊的造型、设计。经过对比，决定采用成都的杨二旺族的双节牌坊模式，取其精华，补其不足，为两妯娌建起了一座贞节牌坊。谭家请来名人撰写序文、楹联。序文表彰冉氏马氏是“一门双节”的贞节典范。该书法刚劲有力，刻工精细优美，牌坊花草栩栩如生，上面的两只石海螺还能吹响。1966年冬天，牌坊被炸毁，现有“圣旨”二字石构件在路旁地间，长1.55米，宽0.95米，厚0.23米，阴刻楷体，四周海水云龙纹图，外两侧刻有手握兵器的将军。还有龙头石立起可吹响的石刻海螺，清晰可见。

马氏源流石碑　又称马氏宗祠石刻，清乾隆五十三年（1788）立。现镶嵌在古城小学内墙壁上，碑高2米，宽1.5米，全碑589字。

《马氏源流碑记》记述马氏巨族显赫世家，自扶风发源，经马援建功，自马定虎孤军入川，入驻蜀中旧城坝，在此受封立业，世代承袭安抚、宣抚使职，瓜瓞连绵的发展脉络。其后裔孙马克用迁城于南宾县城，古城沦为草莽，数载后支派昌隆，遂谋建宗祠于古城坝内，乾隆五十三年建成宗祠等内容。该石碑对考证石砫马氏的渊源和石砫土司制度极具价值。

新场贞节牌坊“圣旨”石雕（2017年）

马氏源流碑（2011年）

古村保护

2017 年 6 月 9 日，新城村被列入重庆市首批“少数民族特色村寨”。新城村辖 6 个村民小组，2018 年有村民 746 户 2776 人，主体民族为土家族，占总人口的 95%；传统特色居民 500 户，占总户数的 67%。辖区内有土司遗址，清乾隆时期修建的马氏宗祠，清光绪时期修建的新场老街、御赐贞节牌坊，民国时期修建的石碉楼、民居、古墓等历史遗迹，具有浓厚的民族特色和较高的文化保护价值。

专家谈新城村历史名村保护（2016 年）

◉ 保护规划

2014 年，悦崃镇人民政府制定了新城村保护和发展规划方案。方案明确新城村古城土司遗址范围，遗址上明代建筑土司案厅、清乾隆时期马氏宗族祠堂、古桥、民居、古墓、古道遗存较好；新场老街、长岭碉楼、作坊碉楼、冉氏作坊民居基本保持原风貌，具有重要保护价值。村域内有独特的自然条件、秀美的古石雕群景观，历史民俗文化厚重，民风淳朴，交通条件好，政府和群众有保护和建设好新城村的意愿，为传统村落的保护和发展奠定坚实的基础。

规划目标 保护好土司遗存，传承历史文化，打造秀美的土家山寨，使之成为重庆及周边城市区域旅游景区。展示土家民俗文化、民族特色、历史文化和优势产业，结合养老休闲，形成生态环境良好、文化内涵丰富、设施设备齐全的生态康养休闲度假区。

具体措施 保护好峡谷、岩壁、森林、溪流、山冈等原生态，以及文化的原生态，如土司遗址、马氏宗族祠堂、巴盐古道、新场云梯街等土家土司民俗文化；保护与修缮吊脚楼、石碉楼等特色民居，适度开发，建新如旧、整旧如旧，减少新的人工雕琢痕迹；

打造土家族人的生活劳作、商贸流通（巴盐古道）、筑寨拔城、祭祀先祖等场景，并整建“北斗七星”（永平、永安、永祥、永和、永固、永泰、永乐）石碉楼，突出渲染巾帼英雄秦良玉和土家土司民俗风情；按照“保护为主、抢救第一、加强管理、合理利用”的方针，开展保护、投资修复特色民居，形成一批独具特色的民族建筑群落；发展壮大新城村的演艺队伍，聘请专家进行指导，打造成具有高素质、高水平和高质量的土司文化演艺队伍，开展具有地方特色的断头锣鼓、花棍、轿夫号子、哭嫁、啰儿调特色民族文化活动；创新发展特色产业，增加群众收入。

◉ 保护实施

考古发掘升级保护 经国家文物局批准，重庆市文化遗产研究院于 2016 年 2 月，开始对新城村古城坝土司遗址开展主动性发掘考古工作，是年 7 月底结束，田野工作达 6 个多月。该考古工作对练兵场、兵营、粮仓、宗祠、寺庙、墓葬等 20 多处文物进行了 GPS 定位，考古调查面积达 2 平方千米，考古发掘面积 870 平方米，新发现土司古道路、土司寝宫建筑基础等文物遗址，基本摸清古城坝昔日石砫土司遗址功能分区和城镇规模。并建议将古城坝土司遗址申报第三批市级文物保护单位，2019 年 2 月，该遗址被重庆市公布为市级文物保护单位，提升了保护档次。

调查立档登记保护 2014 年 9 月，石柱县人民政府对新城村传统村落进行补充调查，完善村落信息档案。县文联统一组织，聘请秦文洲负责文字工作，廖禾摄影，组成调查组。他们深入村落，踏遍新城村山山水水，走进大大小小的农家院子，寻觅拍摄物件，做好文字记录和说明，进行广泛宣传，唤醒村民保护文物和村落传统风貌的意识。

土司古建筑柱础（2016 年）

二人后形成新城村《中国传统村落立档调查（文字）归档表》保存并上报。

实施特色村寨保护 新城村是2017年6月重庆市首批公布的少数民族特色村寨。辖6个村民小组，共有村民746户2776人，主体民族为土家族，占总人口的95%；传统特色居民500户，占总户数的67%。辖区内的历史遗迹，具有浓厚的民族特色和较高的文化保护价值。2013年，争取民族发展资金70万元对民居房屋木板墙壁上漆，屋顶坐脊，修残补缺，对作坊碉楼加盖修缮，对新场的云梯街步道进行了修整。后续又投入145万元，对84户新建房屋进行风貌改造，结合土家民族房屋风格，与村寨原有建筑风格统一协调，体现民族文化元素。还借助西南大学石柱县魔芋实验示范基地落户新城村，依赖区位气候的良好条件，按照科教兴农富民增收的思路，大力发展现代特色农业产业，实现农民人均纯收入增加500元以上。

实施文物点保护

古城坝土司遗址 遗址多部已为农田、树林、居民点和公路覆盖，上方遗留有柱础、地基石、瓦砾及马氏宗祠。悦来河长年从遗址边流过，部分遗址被冲刷水毁。鉴此，村增修河堤，疏通河道，土司遗址得到保护。

民居 下店子民居年代久远，长年遭风吹日晒雨淋，无彻底的维修，建筑构件彩绘模糊，柱檩等开裂，石质风化，虫蛀蚁咬，构件多有腐蚀，加之居民为改善居住条件，对室内进行改造或私搭乱建，使建筑原始风貌有所损坏。冉氏作坊民居因虫蚁蛇鼠对木构件的蛀蚀、啃咬等，当地居民对房屋不合理或破坏性地维修、改建等，加之年久失

发掘的水缸（2016年）

修，现保存较差。

老街 新场老街有村道路从老街下段穿过，切断老街；居民、牲畜过往，古街道街面沉降、塌陷；长年风吹日晒雨淋，年久失修；街上建筑遭居民人为拆除，两侧建筑柱檩椽等木构件腐朽；居民新建房屋等，使古街部分街面被毁。现采取定期检盖屋面，更换腐朽木构件，加强日常维护，对建筑防火防蛀等措施予以保护。

古桥 下店子石平桥，年代久远，长年风吹日晒，行人长期过往，加之年久失修，造成条石自然风化、错位，桥身走闪；1982 年悦来河涨洪水，冲毁石桥栏杆；将古桥作为输气路线等不合理利用对桥也有一定损坏。2016 年维修做好石栏杆。现进行原址保护，留取资料存档。穿心店石平桥，村民长年过往使用，年久失修，1982 年的洪水将桥的部分构件冲毁，护栏被毁。现进行原址保护，留取资料存档。

马氏宗祠石刻 在古城小学原校舍内，校舍现已为 D 级危房，墙体倾斜并已有裂缝，但石刻整体基本完好。石门联及马氏源流碑石刻均嵌于墙，起着承重作用。石门上有白色涂刷物，碑刻被粉刷，加之居民生活活动，石刻上有烟熏痕迹。另，长年风吹日晒雨淋，石质风化较严重。原古城小学为利用马氏宗祠地基，拆除马氏宗祠建筑构件而建，其下部用原宗祠四周封土墙的砖建立，上部添土砖建，现该建筑已成危房，严重影响了石刻的安全。采取将古城小学从马氏宗祠迁出、加固宗祠建筑、经常检盖屋面等措施予以保护。

石碉楼 长岭碉楼，建筑主体结构保护较差，柱檩等木构件腐朽，碉楼屋面垮塌，仅存石框架。长年风吹日晒雨淋、杂草丛生，围墙粉刷物脱落，彩绘及标语模糊，碉楼门框对联被人为损毁。作坊碉楼，年代久远且无人看管，无人居住，无人检修，屋面漏雨，木质已腐烂。2010 年 12 月 30 日，两碉楼被列为县级文物保护单位。2017 年，

古建筑上门当（2016 年）

利用少数民族特色村项目资金对两碉楼进行拆除腐旧木架，顶上加做屋盖，抢救性修复保护。2019 年 2 月，被列为重庆市级文物保护单位。

古墓　马洪猷墓，墓葬主体结构不完整，墓右侧封土条石部分垮塌，墓冠被毁。马宗炳墓，墓葬主体结构基本尚存，但牌楼向前倾斜，封土条石垮塌。园子堡余何氏墓，居民在生产中将条石拆除做地坝、田坎，封土做耕地。谭永顺合葬墓，墓体结构保存较完整，左墓碑被撬，墓前放蜂桶，石质风化，字迹部分模糊不清。谭永芳墓，主体结构保存较完整，石质风化，部分字迹模糊不清，条石风化、错位。柿子湾冉谭氏墓，条石风化、错位。大楼巷后园子马冉氏墓，石质风化、垮塌。麦地湾谭郭氏墓，条石自然垮塌，石质风化损毁。梁道有合葬墓，整体保存完整。余横台汪氏墓，错位。对古墓采取禁止人为拆卸石头牌楼，加强原址保护，留取资料存档等保护措施。

改道让路保护　为保护村境风貌，为保护土司厅城遗址完整及青龙山完整，改变悦黄二级公路规划设计，在下店子左转沿青龙山麓绕道而行。

悦黄公路拐弯避开土司遗址（2019 年）

特色文化

新城村人生活在龙河源头的群山幽谷、沟壑大坝，有大山般粗放豪迈、直率朴实的歌喉。

爱唱山歌的新城村人世代沿袭着土家族传统风俗，啰儿调《太阳出来喜洋洋》唱出大山，唱响世界，轿夫号子吼醒沉睡的深山……歌唱着古城坝人美好的希望。龙舞、狮舞、摆手舞、旱船舞、打道钱，舞动着新城村人千年的梦想。

◉ 民歌

新城村域内流行的民歌有啰儿调、背夫号子、轿夫号子、哭嫁歌、孝歌等。这是由于石柱山区山高壑深，两山喊得应，但相会却常要一天。土家人憨厚朴实，常以吼山、吆喝打招呼，表达感情，久而久之号子、啰儿调就形成了。在新城村，人人会唱啰儿调《太阳出来喜洋洋》。抬石头、打夯、背力等劳动也各有各的号子，抬轿有轿夫号子，出嫁有哭嫁歌，尽孝有孝歌，这些歌儿唱出了土家人的喜怒哀乐。

新城村有歌手马世山、马世长、马之昌、马之远、马培贵、向泽兰、谭千兰等，所唱的《绣香包》《莲花调》《劝世文》《十二古人》《贺客歌》《卖汤包儿》《无名着》《盘歌》《连箫调》《私怀胎》《只等明年春潮发》《郎在天上打粘鼓》等收录进 2005 年《太阳出来喜洋洋・石柱民族民间音乐曲集》。

唱啰儿调（2009 年）

啰儿调 啰儿调是新城村民最喜爱的山歌调。山民生活在山峦重叠，沟壑纵横的大山中，往往以吆喝、唱山歌等方式打招呼，青年男女谈情说爱唱山歌，巴盐古道的背二哥们、开山取石的石工们都唱啰儿调玩笑逗趣，缓解疲劳。长此以往，就形成了新城村地域内富有特色的啰儿调山歌。

新城村土家人歌唱爱情和风土人情的啰儿调：

青布扎鞋（啰儿）鞋口圆（儿啷啰），
扎得不好（啷啷扯咣扯）郎莫嫌（啊啰啰）。
没得油灯（啰儿）打黑摸（儿啷啰），
千针万线（啷啷扯咣扯）情绵绵（啊啰啰）。

这首名为《千针万线情绵绵》的啰儿调，描述了情妹做新鞋时恋情郎的心理，语言质朴而含蓄，形象鲜明而靓丽，表达了土家少女摸黑为情郎做鞋的深情。

啰儿调多采用赋比兴手法：

妹打猪草（啰儿）坡上行（儿啷啰），
小心藿麻（啷啷扯咣扯）藿伤人（啊啰啰）。
若是藿麻（啰儿）刺破手（儿啷啰），
妹痛皮来（啷啷扯咣扯）哥痛心（啊啰啰）。

这首《妹痛皮来哥痛心》的啰儿调采用赋比兴手法，前两句启承铺垫，现实描摹，生动活泼；后两句转合起兴，超脱渲染，境界大开。

语言质朴，形象生动。新城土家啰儿调中有这样一首：

月亮出来（啰儿）亮堂堂（儿啷啰），
妹在河边（啷啷扯咣扯）洗衣裳（啊啰啰）。
听到情郎（啰儿）山歌起（儿啷啰），
棒棒捶在（啷啷扯咣扯）手背上（啊啰啰）。

这首《棒棒捶在手背上》的啰儿调语言浅近，简淡丰厚；音韵流畅，铿然有声。整首“啰儿调”，以月织调，构思奇巧：明亮的月光下，传来情郎的歌声，情妹听到后如何按捺得住？而且以景驱情，让月含情，叫水蕴情，令人生情。

啰儿调产生以来，限于当时的传播条件，一直是口头创作，口头演唱，口头传承，这是啰儿调的基本特征。

《太阳出来喜洋洋》是新城村唱出来的。新城村原生态民歌《太阳出来喜洋洋》的歌词如下：

太阳出来（啰儿）喜洋洋（啰儿啷啰），
老起扁担（啷啷扯吮扯）上山冈（欧二嫂喂）。
拿把开山（啰儿）明晃晃（欧儿啷啰），
不怕虎豹（啷啷扯吮扯）和豺狼（欧二嫂喂）。
上山砍柴（啰儿）走山梁（欧儿啷啰），
专砍山中（啷啷扯吮扯）弯棒棒（欧二嫂喂）。
手拿镰刀（啰儿）割麦忙（欧儿啷啰），
今年麦吊（啷啷扯吮扯）长又长（欧二嫂喂）。
牵着牛儿（啰儿）山坡放（欧儿啷啰），
羊儿肥来（啷啷扯吮扯）牛儿壮（欧二嫂喂）。
勤劳苦做（啰儿）庄稼汉（欧儿啷啰），
不愁喰[①] 来（啷啷扯吮扯）不愁穿（欧二嫂喂）。

1950 年，蓝河（原名李大中，1946 年曾任石砫县初级中学音乐老师）在中国人民解放军第二野战军十二军文工团时，在重庆嘉陵新村驻地，经文工团美工马泽生介绍，认识新城境域的文化教员秦某。早在 1946 年蓝河在石砫任教员时，秦某就认识他，只是没直接交往过。秦某也爱好音乐，尤其酷爱民歌。由于是旧识新交，又有共同的兴趣爱好，彼此一见如故，谈得十分投机。在交往中，秦某把他搜集到的新城民歌毫无保留地唱给蓝河听，其中一首啰儿调让蓝河特别感兴趣，激发了他的创作欲望，便详细记录下来。之后，蓝河将记下的曲子给文工团副团长蔡绍序看，并谈了他的再创作想法。蔡绍序很感兴趣，支持蓝河以此曲为基础，搞一个四川民歌联唱。蓝河以悦来新城民歌“啰儿调”为基调修改了三个音符，使曲调结尾由下滑变为上扬，表现出人民获解放喜气洋洋，奋发向上的精神面貌。为结合新中国刚成立的形势，蔡绍序去请北碚一姓王的中学语文老师（笔名金鼓）修改歌词，《太阳出来喜洋洋》由此诞生。其歌词如下：

---

① 喰，方言，“吃”的意思。

太阳出来喜洋洋

重庆·石柱

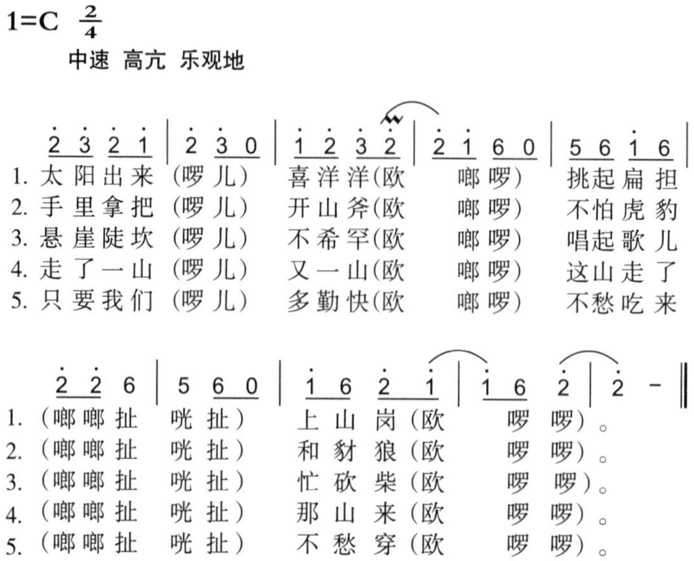

不久,《太阳出来喜洋洋》在西南文教部的小礼堂演出时，效果非常好，获得一致好评。之后《太阳出来喜洋洋》在重庆广播电台播出，在《重庆广播歌曲选》发表，唱响山城大街小巷。以后蔡绍序到上海音乐学院任教，请人伴奏并独唱灌制了唱片。《太阳出来喜洋洋》在中央人民广播电台播出后，在全国流传开来，常被当作四川民歌的代表在广播中播放。四川人民广播电台曾将其作为对农村广播专题节目的开始曲，每日播放。后来又被编入《中国民歌选》。上海音乐学院教授蔡绍序作为新中国的文化使者随团出访亚非各国演唱，把《太阳出来喜洋洋》唱出国门，使其成为1949年后最早被介绍到国外的中国民歌。

蓝河回忆《太阳出来喜洋洋》这首经典“啰儿调”产生的经过时说:“其中一首‘啰儿调’我很感兴趣，于是，我就将歌词笔录下来了。在中唱公司，78转的唱片录制了这首歌，电台印了广播歌选，全国发行，没想到这歌一拿出来后大受欢迎。”

经蓝河、金鼓收集整理、修改曲词后的石柱土家“啰儿调”《太阳出来喜洋洋》，与原来的“啰儿调”相比，歌词既删去了俚俗调侃语，变得可登大雅之堂，又保留了原有的民族语言风格，曲调既保留了原曲的轻快与跳跃，又变得更加舒展优美、昂扬向上。

2000年后,《太阳出来喜洋洋》成为重庆电视台的台标歌曲，每天开播。2003年4

月 12—18 日，中央电视台录制的《太阳出来喜洋洋》在 12 频道《魅力 12》栏目滚动播出，充分展示了石柱土家族文化的魅力。2004 年 6 月，石柱县委、县政府决定，将《太阳出来喜洋洋》定为县歌。

2006 年 5 月 20 日，石柱土家“啰儿调”经国务院批准列入第一批国家级非物质文化遗产名录，受到国家的重点保护。

背夫号子 在渝鄂交界的崇山峻岭中，有一条由渝入鄂的古道，称为川鄂古道，也称巴盐古道。古道贯穿新城村全境，村境的下店子曾是巴盐古道上的重要驿站。巴盐古道上的背夫们，背着百余斤的盐巴，跋涉在不足三尺宽的石板道上，下皇管溪石梯，过尹家沟石平桥进入新城境域，然后走陈家坝田弯路，到下店子长歇。背二哥常唱起背夫号子，豪放粗野，歌词主要有：

上坡（喂）脚又（喔）软（啰），
下坡（喂）脚打（也）颤（呢）。
平路（哟）都还（哟）好（喔），
坝脚（哟）那个（哟）快快（喔）赶，哟嘿！

我娘生我一尺五（呵），
才送进学堂把书（哎）读（呃），
先生说是要打屁股（呵），
我丢下书本（唻）跑江湖（哎）。
你说江湖来讲江湖（哎），
你哪州（哎）哪县我不熟（哦），
好耍不过是重庆府（哎）。
你买不（哎）出的是卖的出（哦）。
梁山出的是柚子多（哎），
苏杭（哎）二州出美姑（哎），
你忠州（哎）出名的霉豆腐（哎），
高家镇出名的酱钵肉（哦），
那万县搭船（那）下夔府（哎），
（那）脚下摆的是八阵（唻）图（哎）。

我和（哟）情妹（啰）门对（哟）门（啰），
看到情妹长成人（啰），
锣鼓喧天接起走（喂），
看她怄人不怄人，哟嘿！

（那）情妹挑水（也）扁担长（呃），
双手扒在井冈（哦）梁（荷），
屋的还有半缸水（也），
借故挑水去望郎（呃），哟嘿！

20 世纪 80 年代，交通运输方式大大改变，锅巴盐退出历史舞台，再无背二哥背盐行走在巴盐古道上，背夫号子自然消失。

轿夫号子 新城域内山高坡陡，溪河纵横，出行不便。以前有钱士绅出行多雇人抬轿，婚娶时也有人请轿夫迎娶新娘，轿行应运而生，生意兴隆。

轿夫抬轿为协调步调一致，轻松和谐，常边抬边哼号子，口头创作出很多号子词令。这些轿夫号子词令诙谐幽默，戏闹成趣，一语双关，朗朗上口。特别是抬新娘子，轿夫们一路颠轿，一路唱号，其乐融融。如前呼“天上明晃晃”，后即应“地下水凼凼”就迈过水凼。既能协调步调，闹中取乐，又贴切适用，文雅智慧。“前面又是一面坡”，后应“莫在轿中打梭梭”，是提醒轿中人抓牢；“轿子如船水中划”，后答“摇来摇去好快活”，提醒平路可放松身心。这些号子表现出了轿夫们坚强乐观，智慧幽默的精神面貌。

秦文洲的妻子是新城村马氏后裔，秦文洲将妻子的回忆加以创作，配以新娘子哭嫁词，编排组合，创作出《轿夫号子》，请县文化馆音乐老师谱曲，录制成光盘。请人制作花轿，亲自指导排练，有歌定情、哭嫁出阁、轿夫号子、拜堂成亲、三朝贺喜五个场景，为旅游业的发展注入新的元素。

花轿队由 16 ~ 28 人组成，表演时有的人举旗子，有的人抬轿子，有的人打锣，有的人吹唢呐。新娘边走边哭，表现出对家人的不舍。新郎满面笑容，流露出对新婚的喜悦。身着民族服饰抬轿子的轿夫边抬边喊轿夫号子，一方面当作抬轿的节奏，另一方面含蓄地逗乐新娘，既表现出对艰苦生活的无奈，也表现出对新婚夫妇祝福，烘托新婚的

抬花轿（2016 年）

喜悦气氛，彰显土家族婚嫁特色。

《轿夫号子》歌词如下：

唢呐声声催人行，鞭炮阵阵谢众亲；
花轿迎得淑女坐，了却爹娘一片心；
（合）成全男女终身事，轿夫帮忙格外亲。
前面迎来一面坡，抬起花轿往上拖；
前面矮来后面高，生怕摇昏女娇娇；
（合）轿中新人要坐稳，莫在轿中打梭梭。
前面又是一条河，众位兄弟把鞋脱；
草鞋别在腰杆上，弯起腿腿挽裤脚；

（合）轿中新人听我说，谨防河水打湿脚。
河水淹过连二杆（指小腿），提起精神壮起胆；
众位兄弟莫偷懒，踩着石头往前辗（走）；
（合）湿了花鞋你莫喊，打湿裤脚你莫挽。
河水淹过腿胯胯（指大腿），花轿如船水中划；
我当艄公又把舵，摇来摇去好快活。
（合）我们都来当艄公，摇来摇去好快活。

有时，轿夫又喊一些调侃词，还称轿行行话。

2018 年 12 月，《轿夫号子》被列入重庆市第六批市级非物质文化遗产（传统音乐类）名录。

《轿夫号子》表演（2013 年）

哭嫁歌 哭嫁风俗流传久远。清代，土家族的哭嫁习俗有明确的记载。清乾隆时期鄂西土家诗人彭秋潭的《秋潭诗集》中就有首记述土家哭嫁歌的《竹枝词》:“十姊妹歌歌太悲，别娘顿足泪沾衣。宁乡地近巫山峡，犹似巴娘唱竹枝。”清代的一些地方志中也记载了土家族的哭嫁习俗。

哭嫁习俗在新城村域内曾盛行，至今尚存哭嫁遗俗。哭嫁多因封建社会下女性婚姻不能自主，以及不舍与家人分离。封建礼教的“三从四德”，像万仞大山压迫着妇女，女子出嫁后，将承受更多的礼法压力、生活压力、健康压力。因此，结婚对于许多妇女而言，既是喜事，也是噩梦的开始。出嫁变得恐怖，特别是那些本就对自己的婚姻不满的女子，更认为一旦出嫁，这一生也就再无幸福，一辈子几乎都完了。对未来的恐惧和忧虑，也使她们在出嫁前伤心啼哭。

新城域内土家族人把哭嫁当作对出嫁姑娘“才华”的一次全面“检阅”，甚至要通过“哭”来看这个姑娘是否贤德、知礼。哭嫁的哭唱形式根据出嫁的进程来划分，一般分为：单哭、对哭、多人哭唱三种。另外还有“哭骂媒人”“哭穿露水衣”“哭踩斗”“哭甩筷”等。

单哭。歌名《十哭嫁》：

一哭我的妈，不该养女娃，长大服侍别人家。
二哭我的爹，不愿离开你，与爹分别为的啥？
三哭我嫂嫂，把我待得好，烧茶煮饭都来教。
四哭我的妹，从小同床睡，过年过节才相会。
五哭我的弟，学堂读书去，你在学校发奋些。
六哭我哥哥，兄妹又不多，逢年过节来接我。
七哭我伯叔，想起我缺福，是个男儿分田土。
八哭我的娘，越哭哭断肠，无事想起泪汪汪。
九哭我祖父，一房两边坐，长大儿孙要管住。
十哭我的媒，做媒很无情，把我哄去九霄云。

对哭。对哭即双人哭，一人一番，也叫“答哭”。母女对哭。女儿见母亲进了屋，大放悲声：

叫声爹来喊声妈，女儿明天要出嫁。
女儿心中有疙瘩，不知嫁的是哪家？

你的女婿我的他，是龙还是牛和马？

婆家房屋立哪呀？盖的是草还是瓦？

郎君是高还是矮，长相是不是冬瓜？

从未见面说过话，心跳咯咯我害怕。

女儿哭到这时，母亲予以劝解、开导的形式回哭，歌名《娘哭女》：

好闺女呀好闺女，鸟大离窝凤飞翔。

儿虽娘的心头肉，女大终究要离娘。

不是为娘赶你走，不是为娘心太狠。

自古男大要娶媳，女大当然要嫁郎。

母亲哭完，女儿想到要去一个陌生的家庭与一个陌生男人生活，忧虑和伤心交织在一起，继续哭诉，歌名《哭爹娘》：

叫声妈来喊声娘，唢呐声催儿心慌。

您为女儿办嫁妆，一月就有九天忙，

劝哭嫁（2016 年）

鸡未开叫娘下床，身背土产去赶场，
卖钱给儿制衣裳，回来天黑月上岗。
儿走爷婆谁照应，烧茶煮饭哪个帮？

母亲继续劝慰女儿，歌名《劝女》：

莫流泪啊莫寒心，女儿伤心痛双亲，
娘家不是久留地，迟早都是要出门，
天下做女都一样，世上不是你一人。

姑嫂对哭。女儿听了妈娘的教诲，心情略舒，又想到与哥嫂即将分别，悲从中来，还有《哭哥嫂》《哭哥》《哭嫂》《嫂哭妹》。

姐妹对哭。嫂嫂哭完后，待嫁女子又哭诉姐妹分离，歌名《姐哭妹》：

梭罗树上十二丫，我们同根又同丫；
今朝姊妹要分离，离开绣楼好孤单！

妹妹想到姐姐即将远嫁，心里也恋恋不舍，回哭，歌名《妹哭姐》：

梭罗树上十二丫，我们同父又同妈；
今朝姐妹要离开，难舍难分情难断！

哭骂媒人。临近婚期，媒婆经常穿梭于男女两方，联络和协商有关婚娶事宜，新嫁娘见媒婆到了自己家，便开始哭骂媒人。

媒人听到新嫁娘的哭骂，哭笑不得，只好回哭加以解释，并安慰新嫁娘，歌名《媒婆哭》：

好闺女呀好闺女，千万不要骂媒人。
骂我恨我不要紧，有个道理给讲清。
天上无云哪有雨？人间无媒不成亲。
媒人吃的千家饭，尽做好事牵红线。
替你爹娘想一想，他们哪能养你老？
不要哭来不要闹，快快打扮上花轿。

《哭嫁妆》表露新嫁娘对陪嫁的嫁妆很不满意，但言辞委婉。尽管如此，父母哥嫂听后心里既愧疚又难过。这种情况下，一般由姑母、婶娘或嫂子回哭，歌名《求谅解》。

夜迎晚上，亲邻女子九人到新嫁娘的闺房内陪哭，一直哭到新娘出阁离开闺房，称为哭十姊妹。先由新娘开哭，歌名《哭十姊妹》：

一根板凳四条腿，十个姊妹来陪妹。

今晚陪客实在多，没得好吃和好喝。

难为姊妹来操心，哪个时候来填情？

新嫁娘哭完《哭十姊妹》后，陪哭的众姊妹按长幼顺序依次哭唱，至半夜，十姊妹会即告结束。

哭出阁。下半夜或者天快亮了，新娘开始穿戴打扮，做出阁的准备。一边做事一边哭唱，基本上哭声不断。

哭穿露水衣。新娘上轿前，媒婆和送亲娘子服侍新娘穿“露水衣”“露水裙”“露水鞋”等等，新娘边穿边哭，歌名《哭穿露水衣》：

这套苦衣长又长，您儿穿起离爹娘；

这套苦衣宽又大，您儿穿起便离家。

哭上头。新娘穿罢衣裙鞋袜，便开始梳头，边梳边哭，歌名《哭上头》。

哭戴花。新娘梳好头后，开始戴钗钿和戴花，边戴边哭，歌名《哭戴花》。

哭离亲。发亲之时，新娘即将离开亲人，心中恋恋不舍。新娘由媒人和送亲娘子扶出闺房，去到堂屋家神龛前拜别祖宗（有的地方还要拜别父母），边拜边哭，歌名《哭祖宗》：

新娘哭嫁（2008 年）

哭踩斗。新娘跪拜祖宗后，即转身去到堂屋中央踩斗。新娘在踩斗时也要哭唱，歌名《哭踩斗》。

哭撒筷。踩斗后，新娘的哥哥背着新娘往外走，送亲娘子就将预先用红纸包好的两把竹筷递到新娘手中，新娘手拿竹筷哭唱，歌名《哭撒筷》。哭完，新娘已被背到喜堂大门口，先回身用力向喜堂内撒出一把筷子，后再向喜堂外撒出另一把筷子。

哭离家。新娘眼看就要离开生活了十数年的家，由大姑娘变成小媳妇，有欣喜，有忧虑，有憧憬，有失落，有向往，有不舍，有感恩，有怨愤，五味杂陈，百感交集，不知道该怎样表述自己的复杂心情，唯有将怨愤向媒婆和娶亲的人们发泄。

临上花轿前，新娘最后回望亲人，回望房前屋后的景物，不舍之情涌上心头，依轿哭道：

堂屋门前挂绣球，女儿走了娘莫愁。
堂屋侧边挂算盘，莫算养女饭食钱。

哭上轿。新娘与家人难分难舍，上轿后掀开轿门哭啼，其声听上去更为凄楚，歌名《哭上轿》：

花轿已经临门前，要想停留不得行。
轿夫大哥跑得快，谨防把你脚扭坏。

玩彩船（2018 年）

新娘的嫂子或送亲娘子将轿门再次关上，轿夫准备起轿，送亲队伍按序列队，准备送亲。这时，新娘在轿内还哭道：

眼看花轿要起身，哥哥嫂嫂来送亲。

嫂嫂一边不开言，未必还怕再花钱？

只听总管一声令下："起轿！"震耳欲聋的铁炮炸响，唢呐声、鼓乐声齐鸣，娶亲队伍簇拥着花轿向男方家奔去。送亲队伍尾随其后，护送新娘。

哭起轿。起轿后，新娘在轿中继续哭泣，歌名《哭起轿》：

黄毛狗儿声声咬，咬得心肝都断了。

燕子飞过九重崖，今天去了哪天来？

有少数新娘在路途中一直哭泣，但到了新郎家门时，须立即止住悲伤，擦去泪痕。

土家族的哭嫁歌应属"仪式歌"中的"礼俗歌"。哭嫁歌结构完整、演唱灵活、内容丰富，有自己的艺术特点和音乐特征。从形式上看，它可以说是一部声乐套曲，在演唱中有序曲、高潮、尾声等等章节。而哭嫁歌的风格中必含有哭、歌和语三种元素。歌者逢歌必哭，而哭到悲处，歌与语言混为一体，用带着语言声调的歌声"哭唱"诉说切身的忧虑与悲情，这显出"哭嫁歌"独特的音乐特征。

哭嫁歌不是文人雅士雕章琢句慢慢写出来的，而是普通妇女脱口哭唱出来的。因此，语多重迭、调多反复、句式自由，长短不一，押韵而不强求，重效果。哭嫁歌的歌词多数是七字句，少数是五字句，既像律诗或绝句，但又不讲格律，近似顺口溜。语句多数押韵，少数不押韵。既有一段一韵的，也有一句一韵的。更显灵活的是有时候四句一段，有时候六句一段，有时候八句至二三十句一段，且句式长短不一。歌词内容多变，歌词直白，哭唱结合，多种组合。

孝歌 "孝道"是中华民族的传统美德，土家人为传承孝文化，在闹丧时唱孝歌。唱孝歌的人俗称为"孝歌郎"，一般都有文化，记忆力强，善于临场发挥。演唱方法是在孝歌词中，每句加"哎、呀、啊、哟、呃、舍、啰"等衬词，其唱腔近乎哭腔。坐夜时，孝家在灵堂前设歌场，用二至四张方桌打厢，桌上摆放烟、酒、茶、糖果、糕点，四周置凳，歌郎数人围桌而坐，主歌者居主位，击鼓为节拍，放声而唱。有单唱、双唱、轮唱、帮腔、合唱等，按顺序则分为扬歌场、请歌郎、轮唱亮相、唱排朝、唱二十四孝歌、唱故事歌、唱劝世歌、唱四季读书歌、唱三苦歌、唱娱乐歌、唱奠酒歌、唱孝顺歌等等，最后刹鼓收场。

演唱土家孝歌（2016 年）

主唱者擂鼓一通后，开声唱《歌头》扬歌场：

吉时吉辰，天地开张。

天圆八卦，地呈四方。

黄道吉口，律令九章。

上皇令响，差吾凡乡。

击鼓扬歌，孝歌闹丧。

扬歌场毕，主歌者唱《请歌郎》，邀请自带的歌郎及烧香的宾朋加入吟唱：

香烛点得明亮亮，一张灵牌供中央；

孝子悲声放，歌郎请上场。

歌郎到场入座后，甲乙丙丁依次唱一曲，以示亮相。

歌郎齐集亮相后，先唱《排朝歌》，也就是唱历史上的主要朝代，通过这种方法讲述中国历史，传承中华文明。演唱方法为：主歌者引唱开场后，全体歌师轮唱，谁唱谁击鼓。

《二十四孝歌》是根据二十四孝的故事编成的歌曲，分引唱、轮唱、收尾三部分。

引唱：华夏子民美德多，唱个二十四孝歌。

二十四孝古今传，上传下效几千年。

甲唱：二十四孝我唱一，孝感天地传美名。

远古帝王是虞舜，虞氏姓姚名重华。

乙、丙、丁各接着唱。唱完，又转回甲、乙、丙、丁各唱一个孝子：

周朝时候闵子骞，他是孔子的学生。

汉朝有个叫董永，他是一个孝顺子。

周朝有个叫郯子，他是一个好孝子。

后汉有个名江革，他的一生孝母亲。

后汉有个叫陆绩，他是一个科学家。

唐朝时候崔山南，他的祖母唐夫人。

晋朝时候的吴猛，非常孝敬父母亲。

晋朝有个叫王祥，小时生母就病逝。

汉朝有个叫郭巨，家贫养有三岁儿。

晋朝有个叫杨香，她是一个女孝子。

宋朝人氏朱寿昌，他是刘氏偏房生。

南宋时代庾黔娄，品行高尚孝父母。

周朝有个姓蔡人，古稀人称老莱子。

汉朝有个叫蔡顺，小时父亲早过世。

汉朝时候的黄香，九岁母亲去了世。

汉朝有个叫姜诗，侍奉母亲极孝道。

三国魏时一王裒，博学多才好孝子。

汉朝有个叫丁兰，人小懂得孝父母。

三国孟宗字恭武，小时父亲早去世。

宋朝有个黄庭坚，仕途历至太史官。

收尾：二十四孝唱到此，亡人明日出殡去。

为人要学古人孝，孝父孝母好儿女。

二十四孝是榜样，一代一代永传承。

喊彩 无论舞狮舞龙，均间杂喊彩。无论喜事庆典、婚娶、丧葬都有喊彩。喊彩的彩词有七字句、五字句、四字句，基本上是四句，俗称“四言八句”。喊彩的声音高亢嘹亮，抑扬顿挫，铿锵有力，激越热烈。以丧事喊彩为例看喊彩的内容、方法、与狮子、龙灯的配合过程。

丧事喊彩的内容主要是吊唁死者安慰孝子，或称赞死者功德、赞誉孝家贤德，劝勉孝子节哀自励等。也有少数对孝子不满，喊出批评劝诫之词者。彩词中大部分属临场发挥，少部分为固定词句。

亲戚、族人、朋友等各方悼客，依据自己与死者的亲戚关系不同，喊法略有差异，喊彩一般要先说明自己是死者的什么人，报出悼客身份，然后利用彩词悼念死者、安慰孝子。

喊彩者（多是鼓师）手臂高举，长呼“呃——”，所有锣鼓立即停止，狮子龙灯亦作叩拜状。

喊彩者接着喊：“狮子头上一点黄”，锣鼓间奏“⊕⊕⊕”，狮子龙灯随锣鼓节奏叩首三下。接着喊第二句：“环顾四野雾茫茫”，锣鼓又奏“⊕⊕⊕”，狮子龙灯又叩首三下。接着喊第三、四句：“三亲六戚来烧香”，“⊕⊕⊕”，“灵前下礼泪汪汪”。“⊕⊕⊕”。

狮、龙舞动片刻后又喊彩，喊罢再舞，舞罢又喊。

快结束时，喊：“呃——，风高月黑，来得淡白（谦辞，指祭礼不丰厚）；孝家节哀，狮龙休歇。”

有时孝家总管也喊彩，言辞为感谢三亲六戚远道来烧香：“呃——无好主来有好客，舞狮舞龙好闹热；代主说声劳驾了，小小红包来谢客。”喊罢，将红包放在灵堂门口的板凳上，狮子龙灯拿到红包后即退下，另一亲戚的狮子龙灯又登场表演、喊彩。

喊彩的彩词很多，且多系临场发挥，在此不录。

◉ 土家狮龙

舞狮龙在新城村叫玩狮子、玩龙灯，流传的有彩狮、孝狮、彩龙、孝龙、板凳龙。1990年以前，狮子都是当地工匠用竹、篾、纸、布、麻等自制，既不同于北方狮，也有异于南方狮，其形貌与真实狮子相去甚远，重在神似。狮头用竹篾扎成骨架，外糊彩纸。狮头上隆起九个包，代表头部的卷毛。脸、口皆宽大，下唇及尾巴可以活动。狮身多用花布、彩布制成，色彩斑斓。背脊上有隆起状布袋（布内灌包谷壳，像一节节香肠），是为狮子脊梁，用一束麻丝代表狮子尾巴。龙头、龙尾用竹篾扎骨架，外糊彩纸（孝龙糊白纸），均下绑一根竹竿，供玩龙人握持。龙身以竹篾扎成九至十余节骨架，外裹彩布（孝龙裹白布），将每一节骨架联成整体，形成龙身。龙身背脊上有三角形布片，是为龙脊。每一节骨架绑一竹竿，供玩龙人握持。另有一人玩龙宝，龙宝亦为竹篾扎成球形骨架，外糊红纸，下绑竹竿，供玩龙宝者把持。无论玩彩狮、孝狮、彩龙、孝龙、板凳龙，均以锣鼓伴奏。

彩狮彩龙

主要在年节、红会、庆典时玩彩狮、彩龙。

玩彩狮 玩狮需 4 人，1 人系腰带，双手举狮头在前舞头；1 人拉前人腰带（平地可不拉），躬背舞尾；1 人戴大头和尚面具，手摇蒲扇，做出憨傻可笑、训狮降狮的动

舞狮（2012 年）

作，憨态可掬；另外 1 人戴孙悟空猴脸面具，穿专门制作的猴衣，或反穿有毛皮衣，动作轻快敏捷，或倒立而行，或翻跟斗，戏弄狮子，滑稽可笑。有时玩桌子，高的可叠桌 9 张以上，最顶端一张桌子四脚朝天，狮子、大头和尚、孙猴子攀桌而上，在顶层桌子脚上配合踩桩，一一献艺，妙趣横生，独特惊险，引人入胜，博得观者、主人满意。舞狮结束前，狮子作蹲伏貌，锣鼓声骤停，开始喊彩。

大头和尚面具

玩龙　玩龙需十人至二十余人不等，依龙身长短而定。玩龙宝者在前，常做螺线舞动，龙头紧随龙宝舞动，龙身则从前到后梯次随龙头舞动，其时间差形成巨龙腾云翻滚的状貌。因舞者人数较多，为统一行动、协调一致，常以玩宝者吹口哨为号。

耍龙灯（2017 年）

龙舞（2017 年）

孝狮孝龙

土家人讲究丧事喜办，在白会玩孝狮、孝龙，但喊彩的彩词与红会大相径庭。孝龙必为死者之女、婿所邀，孝狮为其他亲朋所邀。

孝狮　孝狮的玩法大体同彩狮玩法。不同的是狮头挂一条白布，以示区别。且要以死者为重，多有朝灵柩叩拜的动作，灵前悼念时在灵堂门外舞，下葬时在墓穴边、墓穴内（俗称踩井）舞，落棺时即停，无大头和尚和猴子伴舞。

孝龙　孝龙的制作大致同彩龙，但因其为一次性用品（下葬后与花圈等一同焚化），做工粗糙、简单。

玩板凳龙　板凳龙为竹篾扎骨架，外糊红纸（或白纸，但以红色颜料绘龙鳞等，代

玩板凳龙（2010 年）

表火龙），长约 1 米。一条小龙绑扎在一条板凳上，一人持板凳脚舞动一条龙，数十上百人组成板凳龙队伍，形成群龙共舞的场面。玩板凳龙是一种农事习俗，多于正月十五日白天举行，在村域各个院落及通往庄稼地的道路上舞动。新城村域地属山区，多雹灾，相传火龙之阳气，可克冰雹之阴气，玩板凳龙可防雹灾。因多在道路上玩，地势狭窄，不便舞动长龙，故制作成短小的板凳龙。今人虽不再迷信，但玩板凳龙的习俗仍在流传。

◉ 民间戏曲

土戏表演（2008 年）

端公戏 俗称跳端公，实为土家巫觋法术与道教法术融合后派生的一种封建迷信活动，用于禳灾、驱邪、治病，曾流传于新城村域。端公是巫觋与道士相融合后的地方宗教人士，在湘西一带称为梯玛或土老师。关于土老师的来历，传说是土老师的祖师去西天取经，获得半本经书，八个铜铃，在回来的路上，客老师向他要走了半本经和两个铜铃。土老师再上西天取经，佛爷就不再给他经书，并说："客老师一本经；苗老师半本经；土老师没有经，乱搬经，百说百灵。"从此土老师作巫术时只有师刀、砍刀、铜铃六个，而没有经书。

端公戏与道教禳灾驱邪术的具体区别，因缺乏资料，且少有人研究而不为今人所知，但直观的区别是所用法器有别，道士吹海螺，而端公吹牛角。端公戏有其传承的脚本和整套法式，共二十一堂神，里面有开场白、咒语、七诀、唱词、曲谱、步法和一些舞蹈动作。跳端公者先插旗幡布置法坛，再摆放神案，之后身穿法衫，脚穿布鞋，头戴法冠，系灵帕，燃香焚烛，吹牛角，摇铜铃，烧纸钱，时而持师刀、令牌、卦具、神枪等道具，踏罡布斗，边跳边唱，间以咒语。在缺医少药的封建社会，人们请端公先生跳端公戏，以镇鬼免灾、驱邪治病、祈求平安。其实不然，有时适得其反，误了不少人命。随着社会的发展，医学的发达，文化的繁荣，知识的传播，人们逐渐有了科学的认知，不再相信鬼神，1965 年后已无人跳端公戏。

傩戏 是在民间祭祀仪式基础上，吸取民间舞蹈、戏剧元素而形成的一种戏曲形式。新城傩戏情节简单，演出一般在陈旧的祠堂里进行，梁柱上贴驱疫祈祷的条幅，表演者戴上面具，在舞台上扮演各种神灵，演出追鬼、躲闪情节，随着表演的不断进行，舞台会延伸到整个村庄。1959 年后逐步停演，而今，村内只有几位老人知道这种戏，为拯救这一剧种，石柱县文旅委正在积极收录相关资料。

土戏道具

土家族摆手舞（2012 年）

◉ 舞蹈　锣鼓

摆手舞　新城村传统舞蹈有摆手舞、跳丧舞、旗操舞、打道琴、划彩船、舞蚌壳等，以摆手舞最为著名。这种舞蹈与众不同之处就是必须用同边手的方式进行，即左手左脚并出，右手右脚并出，舞蹈动作十分别致，其基本舞步有单摆、双摆、旋转摆等多种。

摆手的内容十分丰富，有表现狩猎生活的“打猎舞”，有表现劳动生活的“生产舞”，有表现军事生活的“马前舞”，也有反映土司王生活的“饮宴舞”，还有表现日常生活的“打蚊子”“抖狗蚤”“水牛打架”等。跳摆手舞的时间因时因地而异。一般是正月初三至十七日止。但也有在二月或三月举行的，故摆手舞有“二月堂”“三月堂”之说。由于土家族摆手舞生活气息浓厚、简单易学，深受群众喜爱，代代相传不衰。

摆手舞表演（2016 年）

耍锣鼓 在新城村土家族中流传着这样的俗语："土家三大乐，家伙、哭嫁、摆手歌。"

"家伙"，是指流传于民间的乐器，主要有吹打乐器和锣鼓两类。耍锣鼓就是敲击小鼓、大锣、马锣、大钹演奏曲牌（俗称引子），以质朴、铿锵的锣鼓声，默契地配合，演奏民族的豪迈、洒脱，抒发民族的情感、希望，展现民族的蓬勃生机，既娱已又娱人、娱神，逢年过节和红白期会，以及重大祭祀、庆典活动时，用以渲染气氛、烘托环境。

土家族只有语言没有文字，因此，"耍锣鼓"的历史渊源没有文字记载，经过千百年历史长河的洗涤，前传后教，身传口授，世代相承，千锤百炼，不断创新，至今仍流行。

新城村的"耍锣鼓"是一种标题音乐，每一首乐曲都有标题，流传的 300 多首锣鼓

耍锣鼓（2014 年）

曲牌有《鸡婆下蛋》《茄蚂子跳水》《岩鹰闪翅》《状元红》等。要锣鼓每一曲既有固定不变的段落，也有变动的段落。固定不变的段落是头子、尾子，变动的断落是曲牌，即每一曲都要先奏头子，再奏曲牌，后奏尾子结束。

锣鼓传承除口授外，也有曲谱，多用象声字和符号代替。鼓槌敲在鼓面上发出“咚”的声音；鼓槌敲在鼓面后不及时提起，而是划过鼓面，发出“布”的声音；大锣击打发出“当”的声音，用“⊙”符号代替；铜钵击打发出“切”的声音，用“×”符号代替；马锣击打发出“喽”的声音，用“o”符号代替；大锣与铜钵同时击打，发出“庄”的和声，用“⊕”符号代替。由此可写出锣鼓引子（曲谱）如下：

头子：

‖ 冬布冬布冬冬 | o × o o | v ⊕ × ⊙ × | ⊕ v ⊕⊕ | o⊕⊕ |

v o⊕⊕⊕ | × ⊙⊙ × | ⊕ v o⊕ | ⊕⊕ × ⊙ | ⊙ × ⊕ | v ⊕ × o⊕ |

o × ⊕⊕ | o v ⊕ | ⊕⊕⊕ | v o × o × | ⊕ v o × | o × ⊕ |

v o⊕o⊕ | o × ⊕ | v ⊕⊕ × ⊕ | o × ⊕ | v o × o o | ⊕ × o⊕ |

o × ⊕ | v o × o × | o × o ‖

尾子：

‖ ⊕ × o⊕ | o × ⊕⊕ | o v ⊕ × | ⊕ × v ⊕⊕ | ⊕ × v ⊕⊕ |

⊕ × v ⊕⊕ | ⊕⊕⊕⊕ | ⊙ × ⊙ × | ⊙ × ⊙ × | o⊕o × | ⊕⊕o |

v ⊕⊕ × ⊕ | o × ⊕ | o × o⊕ | × o⊕ ‖

状元红（曲牌）：

‖ ⊕⊕ | ⊕ × ⊙ × | ⊕⊙⊙⊙ | v ⊕⊕ | ⊕ × ⊙ × |

× ⊙⊙⊙ | v ⊕⊙⊙⊙ | × ⊙⊙⊙ | ⊕⊙ × ⊙ | ⊙ × ⊕ | v ⊕⊙⊙⊙ |

× ⊙⊙⊙ | × ⊙ × ⊙ | ⊙ × ⊕ | v o × o × | ⊕⊙⊙⊙ |

v o × o × | × ⊙⊙⊙ | v ⊕⊙⊙⊙ | × ⊙⊙⊙ | ⊕⊙ × ⊙ | ⊙ × ⊕ ‖

红绣球（曲牌）：

‖ ⊕⊕o⊕ | ⊕ v ⊕ | o × ⊕ | v ⊕⊕o⊕ | ⊕ v ⊕ |

o × ⊕ | v o × o × | ⊕ × ⊕ | v × ⊙ × ⊙ | ⊙ × ⊕ | v o × o × |

⊕ × ⊕ | v × ⊙ × ⊙ | ⊙ × ⊕ ‖

丢马锣（2014 年）

耍锣鼓也讲究演奏技巧，特别是耍断头锣鼓，更需参与演奏的几个人都有较高的演奏水平，且要配合默契。有俗语云：“聪明的鼓，伶俐的钵，小孩打喽喽，古董打大锣。”意思是：打鼓的人应聪明机灵，使曲牌千变万化而又稳妥衔接，一般由师傅打鼓。打铜钵的人需要手法伶俐，打出花钵，曲牌才活泼好听，如“｜o× o× ｜o× o｜”，若按部就班地打，听起来较死板，若打出花钵，则变成“｜o×× o××× ｜o××× o｜”，也就是曲牌中铜钵原本只击 3 次，实际上铜钵可击打 8 次，节奏变得欢快活泼，耳感更好。马锣的声音比鼓、锣、钵的声音小，若非耍断头锣鼓，则多打少打对整个曲牌影响不大，只要按一定节奏敲击，曲牌中 80% 的“喽”音均能碰上（断头锣鼓及有些专门的马锣曲牌除外），因此，在配不齐人手时，可由小孩打马锣。大锣的声音最大，在锣鼓曲牌中占主导地位，原则上不能像铜钵那样多打，更不能少打，必须像老古董那样按照曲牌一成不变地演奏。

耍锣鼓主要有以下四种耍法：

一为常规曲牌。先演奏头子，接着演奏曲牌，后演奏尾子结束。继续耍的时候仍是先演奏头子，再演奏引子，后演奏尾子，按部就班，缺少变化。这种耍法对打鼓者和打马锣者要求不是太高，优势是可以边走边打。

二为断头锣鼓（不演奏头子和尾子，故称“断头”），也称发点子。有专门的断头曲

耍锣鼓配合唢呐（2014 年）

牌、扯转子，再来以普通曲牌。断头曲牌一般要奏完再转换，普通曲牌既可奏完再转，也可中途即转。转换时多数要奏扯转子，作为缓冲，给锣手（特别是大锣）反应的时间。曲牌转换全由打鼓者以各种动作或鼓声来指挥、安排，打大锣、铜钵、马锣者必须盯着打鼓者的动作，因此只能围坐一起打耍。这种打法对四个人的水平都要求较高，而且四个人都必须精力集中。

三为配合唢呐。有些曲牌中配有唢呐的曲子，也就是锣鼓与唢呐合奏曲牌。也有许多唢呐曲了需配锣鼓声，只不过要增加一个二锣，其声音介于大锣与马锣之间。

四是配合玩狮、玩龙。其引子只有一句“‖ ⊕× ⊙× | ⊕⊕ | ×⊕ o× | ⊕– ‖”，反复演奏。玩狮、玩龙喊彩时，所有锣鼓停奏，喊完第一句彩词时，锣鼓奏“| ⊕⊕⊕ |”，之后每喊完一句彩词，都奏“| ⊕⊕⊕ |”。喊彩完毕后，又开始玩狮或龙，锣鼓又配合演奏。当玩狮或玩龙完毕时，锣鼓则奏尾子，尾子奏完后结束。

土家斗锣 新城村各组有多套锣鼓，遇白会时，加外来的锣鼓，有数十上百套。锣手们同行相遇，总想切磋一番，展现自己队伍的演奏技艺，遂互相比斗。本就热闹的场面加入竞争元素后，更能渲染气氛，主人和客人皆喜闻乐见。有时候几支锣鼓队伍水平相当，互不服输，比斗到深更半夜仍不作罢，直至凌晨丧家出殡，一同送亡灵上山安葬后，才各自散去。节日斗锣又有不同，一般挑战方去到被挑战方院落附近的山头，开场演奏。

薅草锣鼓（2008 年）

被挑战方听到山岭传来锣鼓声，便知有人前来斗锣，立即组织人手与挑战者相斗。

薅草锣鼓 土家人俗称“打闹”“打闹歌”，是土家族特有的一种伴随劳动生产与音乐相结合的民间艺术。一般有两位歌师傅领唱或对唱山歌，一人按节奏击鼓，一人配合敲锣，锣鼓间歇，歌声即起，轮流对唱，整日不歇。历史上，土家族地区山大人稀，单家独户劳力不足，加上野兽出没，窃食庄稼，伤害人畜。在这种特定的自然条件和劳动环境中，土家族人团结互助、结伴成群，协作生产，劳作时配以锣鼓敲击，既可传递信息，又可鼓舞劳动热情，同时还能用锣声惊吓驱赶野兽。久而久之，形成了风格独具的薅草锣鼓。

薅草锣鼓的打唱者称“歌师傅”或“歌头”，边打边唱，现编现唱，堪称能人。其打击乐主要为大锣和小鼓，有的地方也增加钹和小马锣等。歌师傅或歌头领唱，劳动队伍众人接腔合唱，配以锣鼓伴奏。薅草锣鼓的唱词为五字句、七字句、十字句，一般是单句虚词拖腔，复句押韵，且一韵到底。

薅草锣鼓从形式上有“单锣鼓”（2 ~ 3 人）和“夹锣鼓”（5 ~ 9 人）演奏。乐器，主要有小鼓和大锣。劳动场面较大的场合，也有使用小鼓、大锣、钹和小马锣四件乐器演奏的。鼓手领队，发歌指挥，既指挥唱歌，又指挥生产，号召力很强。两人一班，一人挎着鼓，打鼓发歌，一人掌握锣架，架上挂着大、小锣和钹，敲打三件乐器接歌。

锣鼓的演奏复杂多变，有快节奏和慢节奏之分。一天之内，形成三起三跌，称为“三潮”。特别是在收工之前，要赶劳动进度，锣鼓节奏越来越快，叫作“放擂”。放擂

薅草季节磨豆腐（2014 年）

时的劳动场面，土家人用“饿马奔槽”一词加以形容。歌词生动形象，通俗易懂，朗朗上口。

薅草锣鼓的曲牌，主要有号子和扬歌等类。号子又分请神号、出工号、下田号、清茶号、收工号、抒怀号等，曲牌有上百种。其中以“穿号子”和“扬歌”为主，其他曲调只在一天中的一定时间内演唱，或在需要转调时演唱。“穿号子”由两首内容相近的山歌组成，前一首称“梗子”，后一首称“叶子”。演唱时，将“梗子”与“叶子”的词句相互穿插起来，由鼓手和锣手互相唱和。“扬歌”，包括九刹、九声、九扬三种，各又有九个曲牌。一天中的三个不同时间段，都要唱一次“扬歌”。

请神锣鼓庄重神圣，节奏宽广，锣鼓齐鸣。如：

⊕ — | ⊕ — | ⊕ — | ⊕ — | ⊕ ⊕ | ⊕ ⊕⊕ | ⊕ — |

扬歌锣鼓整齐有力，用于统一劳动节奏。如：

咚咚 ⊕ | 咚咚 ⊕ | 咚⊕ 咚⊕ | 咚咚 ⊕ | 咚咚 ⊕⊕ | 咚咚 ⊕⊕ | 咚⊕ 咚⊕ | 咚咚 ⊕ |

歇气锣鼓节奏自由，可以是耍锣鼓中的任意曲牌。如：

| 咚咚咚咚 ⊕⊕ | 咚咚 ⊕⊕ | 咚⊕ 咚⊕ | 咚⊕ ⊕ | 咚⊕ 咚⊕ | 咚⊕⊕ ⊕⊕ | ⊕⊕ ⊕ |

放擂锣鼓节奏紧密，速度较快，用于催促劳动进度。如：

| ⊕咚咚 ⊕ | ⊕咚咚 ⊕ | ⊕咚咚 ⊕咚咚 | ⊕咚咚咚 ⊕ | 咚⊕咚咚 ⊕咚⊕咚 |

薅草锣鼓之“送神”（2010 年）

㊉咚咚咚 咚咚咚咚 | 咚 ㊉咚咚 ㊉ |

送神锣鼓舒缓自由，表达劳动结束后的放松和对神灵的敬仰和留念。如：

㊉ ㊉ | ㊉㊉ 咚咚 | ㊉ ㊉ | ㊉㊉ 咚咚 | ㊉咚 ㊉咚 | ㊉— | 咚㊉ 咚㊉ | 咚咚 ㊉ |
㊉咚 ㊉咚 | ㊉咚 ㊉咚 | ㊉ 咚咚 | ㊉— |

薅草锣鼓的唱词均属口头创作，见好夸好，以物及人。对不合正理的，偷奸耍滑的，出工不出力的，或调侃，或规劝，或打趣，或逗乐。除即兴之外，也有唱秦香莲的，骂陈世美的，说岳飞的，斥秦桧的。《山伯访友》《安安送米》等段子广为流传。也还有唱生产生活，婚姻爱情的……内容广泛，生动活泼，地域特色浓郁，乡土气息扑鼻。

随口编唱的五句歌如：

唱歌不畏难，也不是挑花绣牡丹，绣花要用针和线，唱歌只要舌头卷，陪我歌师傅唱几天。

又如：

姐儿住在对门岩，看着看着长起来，早上看到姐挑水，晚上看到姐抱柴，恨不得一翅飞拢来。

上午唱“四声子”：

鼓槌拿一对，打进歌场内，麻布洗脸初相会。

早晨来得早，露水一条河，打湿丝鞋白裹脚。

下午唱“扬歌子”：

吃哒中饭下田来，锣靠鼓来鼓靠怀，拜上打鼓匠师傅把翼摆。

二歇下田唱“四声子”：

喝了一会茶，又把歌来发，南腔北调任我拿。

收工唱“回声子”：

日头下了岩，锣鼓幺了台。今天放工早，明天早点来。

“歌头”通常无固定的形式，既可以循规蹈矩，也可以即时编唱。有的“引子”一开始就唱出了薅草时的热闹蓬勃景象。如：

早早起，雾沉沉，层层浓雾不见人。
东方一朵红云起，西方一朵紫云腾。
红云起，紫云腾，满天白雾变红雾。
红云映红山和水，太阳照着唱歌人。
锣声惊得河水响，鼓声震得山谷鸣。
百鸟惊得满天飞，野兽惊得藏山林。
唱得天地多晴朗，唱得日月放光明。
土司不敢收歌税，三天不敢开衙门。
魔鬼听了打战战，谷神听了喜盈盈。

锣鼓打得响沉沉，听我字字唱分明。
庄稼切实保护好，定叫五谷得丰收。
一天田边走二道（次），三天土里走九巡。
不准老鸹啄种子，莫叫野猪拱苗根。
捉到青虫要捏死，抓住蝗虫要抽筋。
捉到老鸹砍翅膀，打倒野猪大家分。
薅草淋粪要展劲（努力），三薅三淋要认真。
只要样样做到了，谷神爷爷有眼睛。
苞谷竿上打甩秋（荡秋千），高粱长像楠竹林。
苞谷个个像牛角，小谷坨坨像缆绳。
绿豆叶子包得盐，高粱竿竿把船撑。
谷神爷爷也高兴，保佑年年谷丰登。

刺绣（2010 年）

◉ 雕刻　刺绣

新城村的石雕工艺主要展现在牌坊、坟墓的建造上。

石雕　新场一谭姓富绅建造一节孝牌坊，牌坊上有“圣旨”“怀清并筑”“彤管齐辉”三层旌表，下有并排三道石洞门，众多菩萨、仕女、吉祥饰物雕刻其中，石雕工艺达到了极高的水平。牌坊下溪流中选择大体相似的巨石，打造而成的石蛇、石龟、石狮栩栩如生。谭姓富绅的坟墓占地 100 多平方米，几十个石工建造两年多。墓壁上的花鸟虫兽栩栩如生，诗、词、祭文的刻工非常精湛。古城坝马氏宗祠大门上的《秦良玉血战

白杆兵战浑河石刻（2014 年）

作坊碉楼门楣（2014 年）

浑河图》有很好的历史价值。

吊脚楼雕刻窗花（2016 年）

木雕 新城的木雕工艺清代已盛行，普遍有之。庙观、马氏祠堂、新场云梯街等建筑物的廊柱、壁梁、檐脊、万年台（戏台）上的看枋，富有者家中的家具等，精雕细刻。如一何姓居民家中的木屏风，雕刻出众多的人物故事；有几家富绅的木床分三层，里层是主人的卧床，中层是侍女的坐床，外层饰有雕工精细的罩檐板，金粉彩饰的动物、花草美不胜收。雕刻工艺分圆雕、浮雕和镂空雕等多种形式，除人物故事、鱼虫花草外，还多雕刻峻岩奇峰，今新城村的少数古建筑和物件上仍可见。目前，这些木雕工艺不少已失传。

根雕 根据树根的具体形态，通过打磨配制类似动物、人物等形态，从而开发出很好的观赏价值，如根雕“水漫金山”（枫香坪马氏富绅所藏），胡友声的“骏马长啸”（曾在石柱县城展出）。

刺绣 1980 年以前，新城村境的女性无论年龄大小，都喜用彩色丝线刺绣山水花鸟、走兽虫虾，有的还能描龙绣凤。土家女孩自 12 岁就学刺绣挑花，刺绣种类繁多，花样百出。她们腰系的围腰、头裹的头帕、衣裤的袖口和裤口、脚下的襻襻鞋和鞋垫，以及日常所用的手绢、枕巾、被面、窗帘、门帘、帐檐等，到处都是她们飞针走线，大展刺绣、挑花技艺的好地方。

土家人喜欢鲜艳的色彩，刺绣所用的丝线一般都色泽鲜艳、亮丽耀眼，所构图案对比明显，热情奔放、大方豪迈，显示土家人的热情大方和土家女孩的心灵手巧。刺绣常用白色、蓝色布料作底布，以底布的纺纹为经络，绣出图案、文字，所有的图案和文字按照事物本来特征和象征意义，用红、橙、黄、绿、青、蓝、紫等颜色的丝线加以勾勒和衬托。

中华人民共和国成立后，土家人的刺绣内容随着生活质量的改善得到丰富和拓展。她们在吊脚楼上，三五成群，头缠绣花巾，脚穿绣花鞋，在被面上绣出喜鹊闹梅、凤穿牡丹、龙凤呈祥等图样，在鞋面上绣出春兰和秋菊，童帽上绣出“福禄寿喜”“荣华富贵”等字样，色彩缤纷，鲜艳夺目。土家姑娘绣的袜垫最是吸引人，让人爱不释手：绣给友人的有八角茴、四叶草等植物图案和“海内存知己”“天涯若比邻”等文人诗句；绣给恋人的有“红豆花枝”“鸟闹枝头”“龙凤呈祥”等图案；绣给丈夫的有“万字格”“鸳鸯戏水”“比翼齐飞”等图案；绣给解放军战士的有“人民柱石”“祖国卫士”等敬语。一双双做工精巧、色彩缤纷的袜垫，给人以美的享受。

1980 年后，因成衣大量面世，土家人的服装改变，绣花者渐少。但在童帽、鞋垫绣花的习俗，至 2018 年尚未改变。

刺绣（2014 年）

风土民情

新城村民风纯朴，历史文化积淀深厚。幽居山野采蘑菇，乐晒太阳种黄连；辣椒红，魔芋圆，酸菜咸，都巴甜；稻香大米闪晶莹，清香可口阴米茶。

在这里农耕文明世代传承，男耕女织丰衣足食，习俗自然，起居有致，老少有礼，红白皆喜。

◉ 土特名产

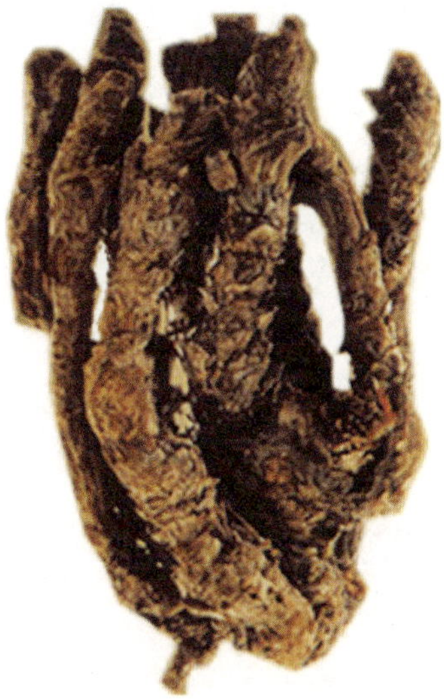
鸡爪黄连

黄连 黄连为多年生阴性草本植物，以其根块呈黄色而名，为常用名贵中药材，《神农本草经》和《本草纲目》将其列为上品。黄连性寒味苦无毒，有泻火、解毒、清热、消炎等功效，具有抗菌、抗病毒之奇效。黄连主含小檗碱，入药主治烦热头昏、心烦失眠、湿热痞满、呕吐腹泻、目赤肿痛、口舌生疮等症。

黄连曾是贡品，在唐天宝元年（742），就有上贡黄连十斤的记载。1954年，石柱黄连被列为“国药”，实行“统购统销”。1958年，石柱建立国营黄连农场（新城境域一部分在黄连农场），后扩建为黄连公司，专门对黄连进行生产销售。种植黄连甚为辛苦，需经采种、选地、砍山、栽桩、搭棚、整地、移栽、培土、施肥、采收、炕干、操净等工序，且黄连生长较慢，3～5年才能采收。

2002年，新城村黄连产量244千克，产值24400元。2003年，黄连产量80千克，产值8000元。2018年，黄连产量1000千克，产值10万元。

黄连槽笼（2014年）

炕黄连（2014年）

朝天椒种植（2016 年）

辣椒 辣椒味辛辣，是人们不可或缺的调味佳品。新城境域属亚热带季风湿润气候，冬暖春早，极利于辣椒红熟和辣红素形成，所产辣椒色泽鲜艳，外观漂亮，肉厚、香浓、脂肪多、辣味鲜，深得全国各地餐饮行业和调味品、食品加工企业及消费者青睐。2001 年，西南农业大学教授、蔬菜专家林德清到境域指导辣椒生产，辣椒种植上千亩，喜获丰收。2003 年，全村辣椒种植范围延伸到 6 个组，种植面积扩大，成为石柱县辣椒种子基地，全村辣椒产量 2700 千克，全部作种子用。2004 年，古城坝种植辣椒 780 余亩，亩平均产值 1780 元，总产值上百万元。2017 年，新城村 114 户种辣椒 255 亩。

山菌 新城村森林覆盖率高，森林和草地是天然的绿色食品宝库，在众多的峡谷、丛林、草地、竹山里生长着香菇、木耳、竹荪、大脚菌等多种食用山菌。丰富的野生食用菌，不仅鲜香天成，而且具有多种保健功效。每年夏秋之际，新城村人纷纷钻进森林，采回大量新鲜山菌，除留下一部分自己食用之外，其余全部在集市销售。清新鲜香的山菌，走进了大大小小的宾馆酒楼。

新城村人山菌主要有两种吃法。一种是比较传统的吃法，将各色新鲜山菌用于煮、炒、炖，做出爆炒蘑菇、凉拌蘑菇、蘑菇鱼、蘑菇豆腐、菌子汤等各色菜肴，有的还用

野生菌

野生菌汤席

野香菇炖猪脚、炖团鱼（甲鱼）、炖鸡，做成滋补大菜。另一种吃法是做成最近几年才逐渐兴起的山菌火锅，将已洗净并切成小片的各色山菌，倒入火锅汤中煮 10 分钟，即可食用。

山菌一般不大，但也有例外。2002 年 10 月，新城村有村民在密林深处发现了 3 朵罕见的大菌子，直径分别为 71 厘米、64 厘米、59 厘米，高度分别为 61.2 厘米、38.5 厘米、34.8 厘米，分别有 21 个、18 个、14 个菌瓣，紧紧相依，抱成一圈，恰似开放的花朵。经卫生部门检测，此3个“菌王”可食用，且营养丰富。据植物学专家考证，这是国内首次发现的特大“菌王”，现收藏于黄水国家森林公园，供中外游客观赏。

◉ 美食小吃

都巴

都巴 新城村土家族人在立冬之后、春分之前的农闲时，上山挖回蕨根，洗净后捣碎，再加清水过滤，所滤之浆反复沉淀，即得都巴粉（白色淀粉，可晒干后储存）。将淀粉混合半熟饭粒捏成块状或团状，用刀切成片，煮或蒸熟，出锅稍微晾干，再入锅穿糖衣、撒芝麻，即为美食都巴（本应为“都粑”，但新城村人习写为“都巴”）。

咂酒 咂酒是土家族所特有的，其酿造程序简单而又独特。首先将已发酵的高粱或大麦，贮藏在一个陶制坛子里，然后用泥土将坛口密封。8天左右，坛子里的高粱或大麦糟就开始浸出洁莹透明的液体来，这就是咂酒。饮用咂酒时，往坛子中注入冷开水，从坛口插入小竹管，随饮随取，非常方便。每遇重大节日或喜庆日子，土家人都要备上咂酒，或自饮，或热情款待远方的客人。饮酒时，几人围住咂酒坛，用小竹管插入酒坛，边畅饮边摆龙门阵，边饮边加水，谈笑风生，其情闲适，其乐融融。

饮咂酒（2007年）

阴米茶与米米茶 阴米茶和米米茶不是茶，而是待客的食品。每年秋收过后农闲时节，勤劳纯朴的土家农妇就找出那不常用的特大号饭甑，精选当年新产的上好糯米，蒸上满满一饭甑，刚蒸熟即起锅，从甑中倒出平摊在“盖子”（竹篾制成，用于晾晒作物的圆形工具，直径1～2米）里，加入少许菜籽油减小其黏度，撒入适量红、绿、蓝色染料水染成彩色使其颜色艳丽，用筷子不断搅拌，使其不致黏结成团。搁置待其略干后，用手将黏联成小团者搓散，然后晒干或阴干，即成色彩斑斓、晶莹剔透的阴米。客人登门时，主妇在锅里加少量猪油或菜油，将阴米炒一下，再掺水将阴米稍煮片刻（不待其完全变软），再加入少许自制的醪糟，即成清香可口、风味独特的阴米茶。也有在阴米茶中加入荷包蛋的，随家丰俭而已。每逢栽秧、割谷、修房造屋和请人做事，早餐与午饭之间都要加餐（俗称“过午”），过午一般就是吃主妇精心烹制的阴米茶。

晒阴米（2015年）

春节期间，所做米米茶则又是一番风味。土家人在锅中倒入粗沙，炒至极热，再将阴米倒入热沙中干炒，阴米受热会迅速膨胀成米花（俗称“泡米米”），用竹筛滤掉沙子后，隔潮存放，或用于做米花糖（俗称“米米糖”），或用于泡米米茶。当客人进屋后，主人立即盛小半碗泡米米，加适量白糖，冲入滚烫的开水，热情地捧到客人面前。

泡米米茶（2014年）

斑鸠叶豆腐 新城村土家人的特色风味食品十分丰富，但要说到绿色食品，斑鸠叶豆腐可称第一。其物不但色如碧玉，清香诱人，而且其原料是野生树叶，整个制作过程亦不需借助任何工具，所以凡了解斑鸠叶豆腐的人，都称它是绿色食品中的绿色食品。

斑鸠叶豆腐的原料是斑鸠叶。在石柱县境绝大部分地方的树林中，都生有一种灌木，其叶会散发出类似斑鸠鸟的特殊气味，土家族人叫它斑鸠叶。每年5—8月，土家

做斑鸠叶豆腐（2016 年）

人采回斑鸠叶，洗干净后放进木盆里，以沸水略作淋烫。用竹刷将叶子戳碎或用筷子将叶子搅碎，之后用手搓揉至成浆，再用筲箕或纱布过滤，所滤之浆加入适量草木灰水溶液搅拌均匀，静置 20 ~ 30 分钟，即凝结成晶莹剔透、色如碧玉的斑鸠叶豆腐。土家人喜欢把新鲜的斑鸠叶豆腐切成片状或条状，加入盐、醋、味精、香油、姜、葱、蒜泥、辣椒面等佐料凉拌。在炎热的夏天，吃上一碗凉拌的斑鸠叶豆腐，清香凉爽。

酸鲊肉 新城村土家族人常将南瓜、红薯等切成片晒干，待杀过年猪后，将鲜肉、肠和南瓜片、红薯片等拌玉米面、大米面，加入辣椒、盐等佐料，装入瓷坛内，用桐叶、棕叶等封住坛口，再倒置于水钵中，让其在无氧的环境中自然发酵，半月之后发酵完成，即成酸鲊肉。用同样的方法，土家人还做出鲊海椒、面海椒等特色食品。据传，人

酸鲊肉

酸鲊瓜片苕丝

鲊鱼

们最初制作酸鲊肉，是为了防止吃不完的鲜肉腐烂，但酸鲊肉制成后，其特殊的酸辣味极受人们的喜爱，土家人制作酸鲊肉的方法也就流传了下来。酸鲊肉可蒸、可炸、可炒，食用十分方便。如今，酸鲊肉已成为土家特色菜谱上的常菜。

绿豆面 绿豆为药食两用植物，性凉，味甘，具有利尿下气，清热利水，润喉止渴，明目降压，止泻痢等功效。故以绿豆制成绿豆面，营养丰富，食之强身健体。

新城村土家人制作绿豆面的工艺不是很复杂，其原料主要有绿豆、大米、绿叶蔬菜及淀粉、菜油等。制作时，筛去绿豆中的泥沙等杂物后将其磨碎成末，再将磨碎的绿豆末放进容器中加清水浸泡（浸泡时间随季节而定，冬天需 24 小时，夏天则只需半日）。在浸泡绿豆末的同时，将大米用清水浸泡至极酥软，用手捻压呈粉状无硬心时沥去清水。将绿叶菜洗净、切碎，同浸泡好的绿豆末和大米搅拌均匀，然后加适量清水磨成浆，再加入适量淀粉调匀即成绿豆浆。将平底锅烧至三成热时，往锅中薄薄地刷上一层兑水的菜油，舀一勺绿豆浆，均匀摊在铁锅中速烤，八成熟后，翻过来烤另一面，烤熟取起，再烤下一张。做好的绿豆面皮放在筲箕上，一张张重叠摊晾，或卷成卷放置。煮绿豆面时，取一块或一卷绿豆面皮，切成 6～8 毫米宽的面条装入漏勺，放进沸水中稍烫几秒钟捞出，盛入调好佐料的汤碗中，即可食用。

绿豆面

◉ 岁时节俗

赶年 土家族人比汉族人提前一天过年。传说是土司率兵抗倭时，为赶时间，又不致误了与亲人团聚，所以提前了过年的时间，称之为“赶年”。月大是腊月二十九过年，月小是腊月二十八过年。

春节 新城村人过春节，腊月三十日，流行挂檐灯，贴门画、对联，写袱子（外封像寄信一样写明收发，但有特定格式及称谓，内包纸钱），点菜油灯请祖宗过年。家家团圆吃年饭，晚上火塘中生火，燃烧较大的树桩（祈求来年能养大肥猪）。旧时半夜（零点）还要在堂屋前设香案，摆供果，燃烛焚香，放鞭炮，由家长叩拜天地，称“出天行”。接着按辈分、年龄依次给长辈磕头拜年，长辈给晚辈奉吉利语，给小孩“压岁钱”。

正月初一，人们要穿新衣，早晨吃汤圆，然后全家到祖先墓前磕头拜年（有的在初二），燃烛烧香、放鞭炮，还挂“坟飘”。出门路遇亲友，拱手互道“新年好、恭喜发

贴春联（2016 年）

杀过年猪（2014 年）

财”。初二开始，亲友互相往来，送礼拜年，还要将猪肉剔除后的大骨挂在果树上，给果树拜年。中华人民共和国成立后，国家法定春节放假 3 天，新城村人一般还是到正月十五才算过完年。

元宵 正月十五日，春节的最后一天。旧时会扎牌坊，元宵当天灯火通明。初九开始玩灯，十五日大闹元宵节。家家吃汤圆，户户灯火齐明，成群结队上新场、悦来街观灯。沿街打锣敲鼓，踩高跷的，划彩船的，唱车灯的，玩龙灯、狮子、蚌壳的川流不息，烟火不断，鞭炮齐鸣，一直闹到深夜。

清明 新城村人到祖先墓前扫墓、挂坟飘、烧纸、焚香、放鞭炮祭奠，习称挂亲。有的还带干盘、酒肴到墓前野餐。

牛王节 新城村等地的土家族人有牛王庙，在四月初八日过牛王节，还办牛王会，届时要唱牛王戏，以示消灾，求得牲畜兴旺。土家人过牛王节让牛休耕，并喂给它精美的饲料。土家人感激牛为人类丰收辛勤耕耘，并为它立祠祭祀。

传说很久以前，居住在山里的土家族、苗族人民都靠捕猎野兽和采摘野果度日，长年受饥饿威胁。山寨旁边有一个天湖，据说天湖那边种有金灿灿的仙谷，人们对于天湖那边的仙谷非常向往。但天湖深而无际，波涛汹涌，无法渡过。为了生存，一些年轻人冒着生命危险，扎起木排想渡过天湖去盗仙谷，可总是葬身湖底，一去不归……土家山寨的强壮小伙子越来越少，剩下的都是老弱病残、孤寡年幼者，在饥饿和野兽的威胁中苦苦挣扎。天湖旁有一头因犯天条被玉帝罚下凡间受罪的神牛，它被土家族青年舍命渡

牛王节（2016 年）

天湖的精神所感动。一天深夜，它潜水偷渡过天湖，进入仙谷田里一阵乱滚，让身上沾满了谷粒，但在潜回时身上的仙谷被水冲走了。幸好，神牛鼻子尖尖上和耳朵里还有几十粒仙谷没被冲走，它把谷种送给了当地的土家族人。从此土家族人民有了谷种，农事年年丰收，过上了好日子。但神牛却因伤痛和苦累，死于农历四月初八。土家族人非常悲哀，他们将神牛按照安葬土家族老人的仪式给予厚葬，并在每年的农历四月初八这天，给所有的牛披红挂彩，并会以竹篾、纸、麻等扎牛头，以布为牛身，用最隆重的礼

鞭春牛（2016 年）

仪来祭奠神牛。由此形成“牛王节”。

端午节 五月初五，家家门前挂艾蒿、菖蒲，吃粽子、包子、盐蛋、麻花，饮雄黄酒。洒大蒜汁、放“黄烟”驱蛇虫，煎艾水沐浴，防治生疮。新婚夫妇到岳父母家过节，要送给草帽、雨伞。下午，全家或结伴游山玩水、观名胜古迹，去看赛龙舟。

中秋节 八月十五日，吃糍粑、月饼、水果。晚上饮酒赏月，意在庆丰收。旧有深夜“偷瓜”（摸秋）之俗，今无存。

包粽子（2016 年）

中秋节打糍粑石碓窝

◉ 信仰　风俗

村民信仰 新城土家族人有多种信仰，除佛道儒之外，还信奉白虎神和祖宗，甚至以某一大树或大石为神。总之，没有固定的宗教信仰，这是因为土家族是一个融合多元文化的民

白虎雕刻

族。新城人最为崇拜的是白虎神（巴廪君死后，魂魄化为白虎，是为巴人始祖）、祖宗，认为“祖先”处处关照子孙，护佑族人。每逢过年过节或红会，都要给祖先写袱子、烧香化纸，祈祷祝告。其次是崇拜山神、土地神，土家族人认为山神和土地神镇守山林田土，保五谷丰登、人畜平安。

山王菩萨木雕像（2014 年）

礼俗 早先的礼仪，无论祭祀、拜年、拜寿、结婚、丧葬等，都通行跪拜礼。亲友相见互相拱手作揖。新城村人对长辈和老年人称“您”（liang），行走要让路，让走前头。赶路超前时或从别人面前走过时要致歉意。宴席请长辈客人坐上首位，主人坐右边陪席、敬酒、奉茶、盛饭。客人告别时说“多谢”，主人送至大门或院坝边要说“慢慢走”。亲朋邻居遇红白喜事或有困难灾害都主动互相帮忙支援，主动祝贺、慰问、看望。农村则多以村组为主帮忙做事。

婚嫁习俗 民国时期，都是由媒人往返说媒，征得双方父母或家长意见，互换庚帖，

娶亲（2014 年）

查对五行八字相合后，由男方“插香”下聘（订婚），然后双方择定吉日完婚。迎亲前，新娘要开脸（除去脸上苦毛即美容）、哭嫁（哭唱父母的恩德）。迎亲日，男方备花轿、旗、伞、礼盒（内装衣物首饰等）以及肘子或腰方（猪肉）、礼壶（装酒）等礼物到女方家迎亲。到了女方家要行拦门礼，即双方主管或知客对答一些四言八句的客气话后，新娘才拜别父母上轿，有哥嫂或姊妹在送亲队伍中随娶亲队伍到男方家。花轿、鼓乐到了男方家，先要“回车马”，即送亲队伍暂不能入堂，继行“周堂礼”，即拜天地祖宗入洞房后，才殷勤接待送亲人们入室休息。入夜，男方亲友、小孩闹洞房（说笑话、要喜糖），翌日早上“拜茶”，新郎新娘在堂前跪拜三亲六戚的长辈，长辈有一定赏赐，赠送钱物等。早饭后，男女一同“回门”到女家拜女方父母长辈，当日返家，礼方毕。

1949年后，政府号召喜事新办，革除旧的烦琐礼节，一切从简。二十世纪五六十年代婚礼很简朴。农村青年男女新人在腰鼓队或秧歌队的迎送下，一同步行到男方家，参加婚礼的亲友群众同向领袖像鞠躬，宣读结婚证书，即礼成。很少有人大办酒席铺张浪费。

改革开放后，婚姻习俗有变化，先看“人户”后订婚。看“人户”一般由男方邀约亲朋好友到场，女方由介绍人陪同前来，查看了男方人品、家庭、居住等条件后，若女

绞脸（2004年）

方同意，男方则要赠送一些礼金以确定恋爱关系。在由男方操办“订婚酒”后，男方拿出“订婚礼”，正式订婚。结婚当天多会在集镇酒楼、餐馆举办宴席，请乐队演唱歌舞助兴，亲友族戚应邀入席。婚礼要进出三天，第一天为“夜迎”会客，第二天才是“正酒”，第三天是“回门”。现在除了不再有花轿，不行跪拜礼，不按时回门，多数客人只参加“正酒”中午一餐以外，还有沿旧习的。

寿庆习俗 新城村人家，老小逢生日，煮肉备酒，至亲骨肉，一家团聚“供生”。第一次庆生叫“打三朝”，旧时孩子生后要办“三朝”酒。小孩出生后，女婿携礼（生男提只公鸡，生女提只母鸡）去岳父母家报喜。岳父母家分送红蛋相请族亲，并约定日期赠送吃食及小儿穿戴等礼品给婿家。去时用小背篼装鸡蛋、大米、醪糟、背带、絮片、衣帽鞋袜，多则20多小背篼，一路30多人穿红戴绿，同去婿家祝贺。婿家的三亲六戚及左邻右舍也前往祝贺。之后生日就自己家煮好吃的进行庆贺。一般自60岁起，逢十岁整生（还有男泡九、女泡十之俗，即男子以虚岁计，女子以周岁计），办生日酒，亲友送礼祝贺。

打三朝（2014年）

立房习俗 土家族人把建房当作是一生中的大事，所以很讲究排场和礼数，要泡“断水酒”。土家木楼是全木结构，需先立房架盖瓦，再装楼板和壁板。而房架是由 9 ~ 11 根立柱、1 ~ 2 根瓜柱（吊柱）、2 ~ 4 根穿枋和挑枋，以穿斗结构组合成的一片片木列竖立起来后，再通过梁、檩等构件榫接而形成的。每一片木列重达 2 ~ 4 吨，没有机具吊装，全凭人力将其竖立起来，必须数十人同心协力方可完成。木工师傅完成前期工作并做好一切准备后，通知房主请人帮忙。房主邀请乡邻和亲朋帮忙，设“断水酒”宴。立房之时，掌墨木工要说吉言，意在给主人祝福，带来吉利。

立第一列时，掌墨木工高声吟诵：“一不早来二不迟，正是主人立房时。左边撑起金鸡叫，右边撑起凤凰翅。起哟！”，帮忙的人手握粗麻绳（另一端拴在木列上），奋力拉拽，随呼“嘿哟！”

立第二列时，掌墨木工或者其他木工高声吟诵：“太阳出来喜洋洋，正是主人立华堂。左边撑起福禄到，右边撑起状元郎。起哟！”

在安装中梁时，掌墨木工也要说吉言：“生在山上不敢砍，长在河边不敢量。鲁班师傅胆子大，砍你下来做栋梁。”

中梁安装过程中，房主妻子的娘家人，会将装有糕点、糖果，且覆盖着红布的篮子提到现场，用绳子提吊到房顶备用。中梁安装完毕后，木工师傅在房架顶部说吉言：“一不早来二不迟，正是主人抛梁时。左边抛出大发财，右边抛出万事吉。”边说边将覆盖篮子的红布搭在中梁上，谓之“搭梁”，然后抓起篮中的糕点糖果撒向地面，让众人争抢，谓之“抛梁粑”。

丧葬礼俗 土司时期，土家族人死了要请梯玛念经，道士开路，梯玛送葬。晚上要唱“孝歌”，击鼓而歌舞，通宵达旦。送葬时，道士用柴心棍打棺材，狮子锣鼓随后。埋葬时请梯玛在坟坑中画八卦，洒雄黄酒；棺材入坑，孝子要先挖三锄。土家族的坟墓，富有者石坟茔状如山中城，立碑表示家族之盛。

新城村丧葬礼仪，除三年困难时期从简外，多数沿袭旧俗。父母临终时，子孙守护直到父母去世，谓之“送终”。人过世后有一系列程序，孝家还会请坐堂吹手（唢呐队）、坐堂锣鼓演奏。吊唁的亲友送馔碗、祭屏、祭帐等等。改革开放后，农民渐富裕，吊唁亲友送花圈、花台，祭帐改为送毯、被等，除放鞭炮外，还放花炮，孝家请电影队放电影娱客。2000 年后，吊唁亲友开始送腰鼓队、歌舞乐队助兴。半夜时行“家奠礼”，孝子跪灵前，由亲友代表读祭文。多在黎明时出殡。出殡时，鞭炮齐鸣，孝子走前面，其后是抬棺（俗称“抬八大行”）者，再后是亲友送葬队伍。到达墓地后，孝子跪于墓穴前哭拜，孝狮在墓穴四周及穴中舞动，谓之“踩井”。盖棺后，孝子捧三手泥土在棺木上，方能除下孝帕告退，由帮忙者垒砌坟墓。最后，孝家以酒席款待亲友族戚和帮忙之人等，到此才结束葬礼。现在也有安排在中午出殡下葬的，以减少夜宿麻烦。

方言俗语

方言

父：爹（读“的”）、爷（读“衣”）、大人。

母：奶子。

祖父、祖母：爹爹、奶奶。

曾祖父母：祖祖。

夫称妻：屋头的、内边的、右客。

妻称夫：外头的个。

外公、外婆：家家（读 ga ga）。

岳父、岳母：表叔、表叔娘，老丈（读“灶”）、老丈母。

姑母：老子、大大。

姐夫、妹夫：门客。

女孩：妹仔、丫头、女将。

义子、义女：干儿、干女。

义父母：保爷、保娘，干老、干娘。

已婚妇女：娘子。如老爷娘子、老板娘子，师傅娘子，佃客娘子。

有势人：大甩甩、宰口。

有钱人：富实郎、绅粮。

穷人：干人、干鸭子。

讽人土气：山洋芋宝、山帽儿头。

力夫：背脚子。

淹死的人：水打棒、水棒头。

爱惹祸的人：天棒捶、天晃晃。

土家西兰卡普围腰

受雇于人：丘二。

说大话空话的人：日白大王、款天将。

无能的人：弄杆子、捶草棒、坯火药。

土匪：棒客、棒老二。

猫：麻妹儿、妹儿。

虎：大猫。

蝙蝠：檐老鼠。

蟋蟀：灶鸡。

蟑螂：灶蚂子。

蜻蜓：洋洋虰。

蜈蚣：雷公虫。

蝗虫：啄蚂。

青蛙：咯蚂子。

母狗、公狗：草狗、牙狗。

快：麻利。

半夏：三步跳。

菠菜：扯根菜。

胡萝卜：胭子萝卜。

红苕：红萝卜、番苕。

玉米：苞谷、粮食。

马铃薯：洋芋。

松树：枞树。

葫芦：当当。

棉被：铺盖。

雨伞：撑花。

夜壶：夜鸭子。

寝室：房圈、歇房、地整屋。

幕布：档子。

口粮：缴缠。

土家背娃背带

猪头：猪脑壳。

猪嘴：冲嘴。

猪肉：尕尕。

晚餐：宵夜。

白酒：烧老二。

炖杂烩：汤锅。

汤匙：瓢羹。

粉蒸肉：扣碗。

烧白：盐菜肉。

吃肉：打牙祭。

厕所：茅厕。

疟疾：打摆子。

这里、那里：这部、那部。

什么：哪个、啥子。

睡：困瞌睡。

想：默。

欺侮：马倒、估住。

蹲：孤起。

奉承：舔肥、喝抛。

烫：奈。

拦着：短到起。

想念：欠 。

看守：照。

清理：煞贴。

服侍：经佑。

感谢：多承、难为。

多谢：躲喜。

教：高信。

传染：过起。

土家娃背心

摆手舞迎客（2016 年）

收捡：捡拾。

踩踏：酱。

擦：支。

盖：埯。

拖延：捱。

弯腰：勾起。

钻：拱。

低头：啄起。

择食：刁歪。

聪明：精、精灵。

狡猾：奸。

不知足：心厚。

失误：失格。

故意：刁事。

便宜：粑活。

懦弱：粑皮。

石磨磨粮（2014 年）

几乎：差点、悬哈哈。

危险：悬。

可怜：造孽。

逞凶：殃夹。

享受：玩格。

抢食：饿捞、捞糙。

刁难：弯拴。

快：麻溜。

容易：拍脱。

求人被拒绝：受方、打扑趴。

做事斗硬：硬碰石山。

恶人得恶报：现眼报。

开玩笑失和：失闷。

不起作用：管半碗野大麦。

打猎：撵仗。

事做坏了：出笨。

暗地打人：打黑时。

袒护：抱狠心膀子。

没精打采：蔫当当。

受气的人：粑活扣碗。

男的结婚：过公头。

凑钱共食：打平伙、逗罐。

晚上无睡处：打梁山锣鼓、打钉钉挂起。

悄悄逃走：打露水。

闹纠纷：割裂、扯皮。

倒霉：背时。

吃白食：吃翘胡子、吃福喜。

吝啬：小家八事、勒攥。

无缘无故：偏敲敲。

不真诚：假过郎场。

办事认真：正一作二。

有气无力：阴死倒阳。

衣冠不整：拖衣落丝。

办事拖拉：拖皮勒垮。

开玩笑：涮坛子、扮灯。

开玩笑占便宜：赚欺头。

说脏话：带把子。

断炊：锅儿抽轮起。

打赌：飙起。

曲指敲人头：敲磕转。

受批评：挨咒咒、遭理麻、刮胡子。

农忙过午米米茶

背后揭短：戳背脊骨。

生硬：古董。

等一下：隔候、挨候。

开始：排头。

结束：杀过儿。

以后：二天。

拂晓：麻麻亮。

傍晚：插黑。

气象谚语

南风转北风，有雨在夜中。

未雨先有风，雨来也不凶。

人黄有病，天黄有雨。

早晨发霞，等水烧茶；晚上发霞，干死咯蚂。

雷公先唱歌，有雨都不多。

早雨一天晴，晚雨到天明。

星星稀，晒死鸡，星星密，戴斗笠。

有雨天边亮，无雨顶上光。

斑鸠叫，天下雨；麻雀燥，天要晴。

五月二十三，大落大干，小落小干，不落不干。

丙不落，丁发作，戊辰己巳像瓢泼。

今夜鸡鸭早归笼，明日太阳红彤彤。

头顶斑斑云，必定要天晴。

天上在起菩萨云，大雨下来淋死人。

一虹虹东，一天一偏通（阵雨）。

东闪霍闪西闪风，南闪北闪雨来滃。

一黑一亮，大雨三趟。

山雾雨，河雾晴。

进沾（旧历八月十三日）落雨出沾（指八月二十三日）晴。出沾落雨害死人。八月怕进沾。九月怕排班（指淫雨）。

十雾九天晴。

罩雾在爬岩，大雨就要来。

坏了白露，天天走滑路。

毛星毛月，干断田缺。

天上起了鲤鱼斑，明天晒谷不用翻。

久晴必有久雨，久雨要防久晴。

清明要明，谷雨要淋。

立夏不下，犁耙高挂。

雨洒伏头，干死芋头。

霜重见天晴，雪多兆丰年。

雷打惊蛰前，四十八天不开明。

雷打惊蛰前，几榜（田）不过镰。

惊蛰不动风，冷到五月中。

惊蛰不落雪，冷到端阳节。

秋风秋雨渐渐凉，一早一黑添衣裳。

九月九，守灶门口。

两春夹一冬，十个牛圈九个空。

一九、二九怀中插手，三九、四九冻死老狗，五九、六九沿河看柳，七九六十三，行人把衣宽，九九八十一，农夫田中犁。

二月初一晴，树叶子发两层。

三伏不热，五谷不结。

重阳无雨望十三,十三无雨一冬干。

春寒晴，冬寒雨。

人不知春，草木知春。

正月青蛙叫，秧田整二道。

春天不做工，秋来一场空。

桐子开花朵朵白，苞谷上坡等不得。

苞谷薅得嫩，犹如上道粪。

清明嫩，谷雨硬（指胡豆）。

萌动萌动，春分下种。

秧奔小满谷奔秋，苞谷奔在伏里头。

剩秧如剩草，差秧如差宝。

芒种忙忙栽，夏至谷怀胎。

春争时，夏争日，分分秒秒不能失。

房前屋后，种瓜种豆。

三分种，七分管。

人哄地皮，地哄肚皮。

犁得深，耙得烂，干田不怕旱。

璐秧不存水，就要撞倒鬼。

有收无收在于水，多收少收在于肥。

一年误了春，十年理不抻。

庄稼一枝花，全靠肥当家。

只要勤动手，肥源到处有。

头伏萝卜，二伏荞。

七月葱、八月蒜。

处暑点荞，白露看苗。

白露白茫茫，寒露满田黄。

寒露霜降，豌豆胡豆在坡上。

八月犁田一碗油，九月犁田半碗油，十月犁田光骨头。

八月豌，九月胡，十月就是矮楚楚。

种地不打沟，犹如强盗偷。

无事田中看，谷子多几石；早晚田里走，谷子多几斗。

生活谚语

补漏趁天晴，读书趁年轻。

养儿不学艺，挑断箩篼系。

河深有底，书深无底。

牵牛要牵鼻，打蛇要打七。

从小不育，长大是个弯翘木。

人怕裹，蓑衣怕火。

吃不穷，穿不穷，算计不来一世穷。

清闲坐，清闲饿。

新三年，旧三年，缝缝补补又三年。

人能处处能，草能处处生。

出门不弯腰，进屋无柴烧。

有米一顿耸，二顿吃谷种。

滴水成河，粒米成箩。

要得伙计长，天天算口粮。

满壶全不响，半壶响叮当。

邻里之间，和气为上。

大路不平旁人铲。

铁冷了打不得，话冷了说得。

端人碗，服人管。

洗头洗脚，赛吃补药。

萝卜上市，医生没事，萝卜上街，药铺莫开。

为人的话不好听，治病的药不好吃。

蚊虫挨打，为嘴伤人。

忍气家不败，和气能生财。

心正不怕雷来打，真金不怕火来炼。

你家有金银，隔壁有戥秤。

水消石头现，鱼烂刺出来。

人直有人逄，路直有人走。

晴带雨伞，饱带饥粮。

沿山打猎，见者有份。

千里送毫毛，礼轻仁义重。

逢贱莫懒，逢贵莫赶。

一个光棍，十个帮衬。

苦读书勤耕田，忌贪酒色莫赌钱。

人怕老来穷，谷怕午时风。

人老颠懂，树老心空。

树大要分桠，儿大要分家。

人心隔肚皮，饭甑隔筲箕。

人人都说黄连苦，黄连却是药中灵。

嫩笋出林高过母，出头桷（谐哥）子先遭难。

扁担无啄，两头失搭。

歇后语

上横街卖的鲊肉——真（蒸）的。

下路坝的小伙（河）——冲不出头。

下路坝进城——一条路。背箕沟上茶店——一条路。

太保祠门前的石狮子——对起的。

石峰寺的韦驮——两个。

沙子关的戏楼——侧起的。

南门口的土地——背靠背。

野猪拱黄连——自讨苦吃。

丙寅斋的先生——配牌。

马二老爷的舅子——光是享福。

恒足源的烟囱——包了的。

土家人割猪草（2014 年）

土家咂酒艺术表演（2013年）

人物

马定虎（生卒年不详） 陕西扶风茂陵人，东汉伏波将军马援第三十九代孙，石柱马氏族人入川始祖，石砫安抚司首任安抚使。

马定虎英敏磊落，勇力过人，事宋为骁骑队长，属吴麟军。靖康之乱时入京师勤王，张魏公爱其丰神俊伟，编为禁军校尉。宋高宗南渡时，马定虎扈跸有功，军中皆称将门之后。南宋建炎三年（1129），因平定溪峒苗乱，被封为石砫安抚使，节制九溪十八峒，世袭其职。石砫安抚司署设在南宾县水车坝，其食邑有今悦崃镇的牛项溪、尖山子、螺丝塘、白果园，鱼池镇的水田坝，龙沙镇的五龙溪、板獠漕等处。

马克用（生卒年不详） 马定虎第十五代孙，袭石砫安抚使职。执政期轻徭薄赋，号令陈、冉、秦、谭等十三族人各立寨栅。平时军民同耕，闻警一齐出动，悉听指挥。石砫的军事实力雄镇川东、鄂西、湘西，忠县、酉阳、唐岩、沙溪等土司推石砫土司为司长。元末大乱，土酋乘机扰乱，沿江州县惨遭兵祸，唯石砫安定。明洪武四年（1371），马克用率军民归顺明朝，朝廷赐铁券金章，世袭安抚使职。洪武七年，马克用遣子马付德与安抚同知陈世显入朝贡方物。洪武八年，朝廷改石砫安抚司为石砫宣抚司，诏封马克用为石砫宣抚使，子孙世袭。是年，马克用奉调深入楚地平定九溪十八峒之乱。苗兵联结散毛峒，乘土兵离境之机，突袭南宾县。马克用闻警回师，苗兵撤走。马克用上奏朝廷，请将安抚司移驻南宾县城。洪武十四年，朝廷撤销南宾县，部分县地并入丰都县，编为南宾里。其余县地归石砫宣抚司管辖，编为三里十甲，隶重庆卫。自此，石砫实行土司制度，宣抚司始理民事，统掌石砫的行政、军事政权。

马应乾（生卒年不详） 又名马应武，生于明初，是马良第九子，自幼聪明好学，琴棋书画无一不通，刀枪剑戟样样能使，可谓文武双全。

明宣德六年（1431）马应乾遵父命，从南宾县城去到旧城坝，镇守石砫马氏的发祥之地，以守宗庙。他开荒种田，解决衣食。为祖宗修造坟茔，在原宣抚司署东侧修建安放祖宗灵位的伏波祠。并召集各姓寨主会商，要求各寨增高寨墙，加固寨门，全民皆兵，寓兵于农，忙时耕耘，闲时习武，用则为兵，散则为民，把关守隘，练兵尚严。据《马氏族谱》记："应乾公大兴土木，扩建悦来场镇，邻近的四乡各甲土民都到悦来赶场。湖北、忠县各地商贾云集悦来，进出长江背粮运盐的力夫往来不断。"悦来场成为县北最大的米市。

谭永顺（生卒年不详） 新城村新场人，清嘉庆十八年（1813）举人，光绪年间（1875—1908）官封南京巡按，其妻马氏诰封为五品宜人。谭永顺告老还乡后，出家产修建谭氏祠堂、新场石梯街，未成即去世。有子谭定蘭、谭定桂、谭定升、谭定朝、谭定灼等。

谭定灼（1851—1917） 号蔚亭，新城村新场人。幼读诗书，累考不第，弃文习武，开设练武馆于螺丝塘，教徒十余人。开办铁厂，采发盐井，后捐得七品官职“石柱县都阃府”。带领冉、唐、向等姓，续修新场石梯街，建街房 40 余间。后因喉疾逝世。

大事纪略

记住村落大事，传承历史文化，发展村落优势，为社会主义新农村物质文明、精神文明建设服务。

◉ 南宋建炎三年在水车坝设石硅安抚司

南宋建炎三年（1129），宋高宗派陕西扶风郡武将马定虎自中原率兵经湖北建始入川，平定溪峒苗乱获胜。朝廷封马定虎为石硅安抚使，节制九溪十八峒。马定虎选南宾县东北部水车坝建立石硅安抚司署。

◉ 明洪武八年马克用受封石硅宣抚使

明洪武八年（1375）正月，朝廷撤石硅安抚司，改置石硅宣抚司，隶属重庆卫，授马克用宣抚使，世袭其职。是年，马克用奉调征讨九溪十八峒离开县境，苗兵联结散毛峒，突袭南宾。马克用闻警回师，苗兵撤走。马克用上奏朝廷，请将宣抚司移驻南宾县城。

◉ 明洪武十四年石硅宣抚司署移驻南宾县城

明洪武十四年（1381），朝廷撤南宾县，部分县地划归丰都县，其余县地划归石硅宣抚司管辖，实施土司制度。宣抚司署从水车坝迁往南宾狮子坝。水车坝始称旧城坝、古城坝。

◉ 清光绪十三年新场开市

谭永顺考取举人，官至南京巡按。告老还乡后始建新场，未完工就去世。其子谭定灼带头同冉、唐、向等姓继续兴修新场石梯街，建街房 40 余间，于光绪十三年（1887）开市赶场，招徕远近客商，有店铺多家。

◉ 1949 年 11 月 18 日新城境域获得解放

中国人民解放军第四野四十二军一二四师的唐山支队官兵进军大西南，途经新城村域，解放新城，驻军古城时在古城坝砖屋院北横屋邻大路的水砖墙壁上书写有标语。

◉ 2012 年 12 月新城村成立

2012 年 12 月，调整村级行政区划，原悦崃镇古城、南椏及长岭 3 个村合并为新城村。

◉ 2012 年 12 月 20 日新城村被列入中国传统村落

境域历史悠久，且建筑环境、建筑风貌从古至今未有大的变动，具有独特的民风民俗。为突出其文明价值及传承意义，并进一步加强传统村落保护发展工作，2012 年 8 月 2 日，石柱县建委将新城村相关资料报送重庆市建委，之后重庆市建委报中华人民共和国住房和城乡建设部。经传统村落保护和发展专家委员会评审，认定新城村为中国传统村落，并于 2012 年 12 月 20 日公布。

梯田（2019 年）

附录

村规民约由村委会起草，村民讨论通过，大家遵规守约，以建立良好秩序，形成净美环境，建设美好家园。

马氏源流碑记

伏波，陕西扶风郡，吾家发祥之所也。爵土受之于天朝，蜀中旧城坝，石硅始封之地也。吾祖定虎公，孤军入川，能以捶弧棘矢，捍披天子之牧圉，因而身荷宠命，世袭宣抚。西迁南宾，此地沦为草莽，数传而后至良祖，奕祀发旺，支脉昌隆，一门之稷，有子十人。正统元年正月旬中，良宗谓其子曰：“关雎麟趾，风化本源，贻厥孙谋，以燕翼子。自今以始，属在儿曹。各授分地，大启尔宇，藩屏宗室。”更向吾祖应武公而言曰：“尔乃仰袭母地，旧城，接壤溪峒，密迩南蛮，非谨慎之人，不可与处，汝其往哉？”应武公遵父命焉，披荆棘，以为食邑。营建宫室，正寝之东，设有伏波宗祠，以尽木本水源之思。近年宣慰罢，致病宗子，式微不足以守宗庙之典籍。族下谋建宗祠于府城内，义举也。我房伯叔集而商之，人子之道，不外于继，述曷为于先君建设之庙，而增其贲廓乎？故拎故庙桑梓之处，正兴方乡定其位次。上下具五楹，庑各二间，内木外砖，低石高瓦。木以坟山乔杉，石乃古庙遗留。其工匠费用，只自本房现丁起派，每人铜钞各四百，力不外处索。捐来锱铢，实孝子之好，修处供木石，属团近之喜凑。房长户和惮风尘之瘁，总理出入几记，劳心之苦，是以下暮年，而千剛成功，功无差也。在此一二年间，亦曾内变，作处患兴，求其尽心竭力，不避艰难而卒保身，以济其祠，其功之尤著者也。迄于今序昭序穆，以妥先灵。子孙春秋至祭，庶可致事，死如生事也。如存竟意。从此后广置祭田。勤加以补葺，敦孝友设学校俾功，或显达而光宗耀祖。则吾曹建祠之意，庶可无罪于先灵，亦可大白于天地矣，爰志于碑，以是为序。

光谟

光睿　共撰

乾隆伍拾叁年戊申岁夹中钟月望五期　修建

马宗拔

马宗田书

修祠贤寓所楼脚马宗儒

悦崃镇新城村文明公约

十要

1. 要爱国家，爱集体，积极完成国家集体各项任务；
2. 要遵纪守法，服从领导；
3. 要积极订阅报刊，学习科学文化知识；
4. 要劳动致富，把粮食生产和多种经营同时搞好；
5. 要遵守公共秩序，爱护公共财物；
6. 要敬老尊师爱幼礼貌待人；
7. 要珍重国格人格，注重社会道德；
8. 要团结和睦，互助友爱；
9. 要实行计划生育，做到晚婚，少生，优育；
10. 要搞好环境卫生。

十不要

1. 不要与别人争吵打闹；
2. 不要损公肥私，损人利己；
3. 不要参加联宗活动；
4. 不要偷盗，参赌，窝赌；
5. 不要搞封建迷信活动；
6. 不要搞买卖婚姻，窝娼卖淫；
7. 不要参与乱砍滥伐；
8. 不要铺张浪费；
9. 不要违反交通规则，蚕食乡村道路，毁坏水利设施；
10. 不要乱放禽畜，损害农作物。

根据上级指示和外地经验，我村特订立以上公约，请各合作社必须大力宣传贯彻执行，全村人民必须遵照执行，做十要十不要的模范。

新城村村规民约

一、每个村民应遵守党的方针、政策和国家法律、法规，认真履行公民权利和义务。

二、讲文明，树新风，反对铺张浪费，红白喜事新办简办。树立尊老爱幼，厚养薄葬的传统美德。相信科学，反对一切封建迷信，严禁参与或支持邪教活动。

三、保护公私财产，不侵害公私财物，搞好邻里关系，不争田争水争边界，保护所有者和使用者正当权益。

四、保护森林，新植经济林木，须距他人边界 2 米以上，其他竹木，除统一规划的林地外，不准栽植。现有森林不准乱砍滥伐，严禁林地内取土生火。

五、保障古沟、古堰、古路及村社公路畅通，不准乱堆乱放杂物或损害。

六、合理利用土地，切实保护耕地，依法依序建设用地。承包土地转让、转包、出租的，须与集体签订协议，并同时由受让、受包、受租方代为承担原户应向集体完成的各项工作任务。积极支持村社兴办公益事业，不准阻碍项目工程建设。

七、集体水塘水库、人畜饮水、农户生产生活必须用水时，须与管理人员联系，按相关规定办理。不得擅自开漏放缺，更不得乱挖乱建、私拉乱接。损坏设施无意的，承担恢复中材料和工时费。

山景（2013 年）

◉ 主要参考文献

石柱古代地方文献整理课题组编:《石砫厅志点校》，2009 年。

石柱县志编纂委员会编:《石柱县志》，四川辞书出版社，1994 年。

石柱土家族自治县地方志编纂委员会编:《石柱土家族自治县志（1986—2002）》，西南师范大学出版社，2008 年。

中共石柱土家族自治县委、石柱土家族自治县人民政府编著:《千年石柱》，重庆出版社，2018 年。

◉ 编纂始末

第一次组织编修一个村的志书，对于县志办来说是一个考验。既没有历史经验参考，也没有现成经验借鉴。到乡镇查档案，到村里查历史，到知情者家里问询，到老者屋里攀谈，这些都是编修《新城村志》必做的工作。

在编修《新城村志》的过程中，得到重庆市志办领导和专家的重视，带主编人员外出学习，修订纲目，解决难题。县分管领导重视，成立《新城村志》编撰委员会，任主任，县志办主任任编修主编，解决编修经费，督促工作进度。悦崃镇党委、政府把编修《新城村志》当成一件大事，责成党委宣传委员负责落实具体事务，给编修人员提供查阅档案方便，关照编修人员生活。新城村村委积极参与这项工作，落实专人带编写人员到村里各户走访，安排综合服务干部负责传递相关数据资料。县文联、县民宗委、县文馆所的冉隆祥、刘建平、蒋屏等本县专家学者为编修《新城村志》出谋划策，提供相关资料，悦崃乡贤哈正武、秦文洲等不仅为编修《新城村志》奔走相告，还提供历史线索。在编修过程中，我们走访谭方梅、马世河、马之海等新城村老支书、主任，采访张述德、梁安江、张明松、杜明光、杜明福等本村老者，获得许多口碑资料。有他们的积极支持和通力合作,《新城村志》2018 年 9 月完成初稿，10 月送中国地方志指导小组办公室审核，中国地方志指导小组办公室两次提出修改意见。在此，我们一并表示感谢。

编写村志，资料缺乏在所难免,《石柱县志》(1994 年版、2008 年版)、《悦崃镇志》(未正式出版)、《东木坪志》(未正式出版)涉及新城村的内容都不具体，且新城村所含三个村原属两区三乡，资料难找。志中缺陷，令人扼腕叹息。由于我们的能力有限，本书中不尽如人意之处，望广大读者理解，并提出宝贵的修改意见。

在此我们再次衷心感谢《新城村志》编写过程中，各级领导、专家的指导，同志、同乡、好友的热情无私帮助。水平有限，疏漏之处敬请批评指正。

编　者

2019 年 12 月 1 日